私さえ我慢すれば
はもう卒業!
幸せ妻の習慣

うちの夫を神夫《かみおっと》に変える方法

夫婦問題カウンセラー
河村陽子

青春出版社

プロローグ

私自身、夫を「神夫」に変えた夫婦問題カウンセラーです

「夫のモラハラがつらくて。毎日信じられないようなひどいことを言われます」

「何度も不倫を繰り返す夫との生活に疲れてしまいました」

「共働きなのに夫は家事も育児も何ひとつしない。家族に関心がないんです」

夫婦問題カウンセラーの私のところには、日々たくさんの妻たちが悩み苦しんでご相談に来られます。その数は12年間で9000件以上。しかも年々増え続けています。


「結婚して3年は幸せだったのに……」。そんな言葉をクライアントさんから何度となく伺ってきました。結婚3年って、いわゆる新婚時代です。それを過ぎると、お互いに慣れや思いやりの欠如が出てきて、ぶつかり合うようになります。

「結婚前の長所は結婚後の短所になる」。これは私の名言なんですが（笑）、たとえば恋人同士だった頃は「優しくて余計なことは言わず、すべてを受け入れてくれる。なんていい

人なんだろう」と思っていたのに、3年経《た》つと、「どうしてこう優柔不断なのかしら。自分の意見って何もないの？」と、しょっちゅうイラッとするようになるんですね。

その際、不倫、家庭に無関心、家事・育児に協力しない、などのマイナス要因があると、一気に離婚まで突っ走ってしまうこともあります。

「価値観の合わなくなった相手と暮らすなんて時間のムダ。さっさと別れたほうがいい」と考える方もいらっしゃるでしょう。それもひとつの幸せの見つけ方かもしれません。


ただ、私のカウンセリングを受けに来られる方の多くは、お話をしていくうちに「夫とやり直したい」と言われるのです。

最初はどんなに怒っていても、とめどなく夫の悪口を言っていても、周りの人々に「別れたほうがいい」と言われていても、カウンセリングが進むなかで夫の好きなところを言い始めます。そして、「私、やっぱり夫が好きなんだと思います」という言葉がこぼれ出るのです。

「夫が好き」。私はこの気持ちを大切にしたいと思っています。

「やり直したい気持ちがあるなら、そうしたらいいじゃないですか！」

私はいつもそうお伝えします。

周りが何と言おうと、やり直すかどうかは自分が決めること。だって自分の人生の主人公は自分なんですから！

「ダメ夫」が「神夫」に変わった私のミラクルストーリー

じつは私自身、「幸せだったのは結婚して3年」を経験しています。営業主任としてバリバリ働いていた頃、猛烈にアタックされて結ばれた9歳年下の夫の不倫が発覚したのが、結婚して3年が経った頃だったんです。

男性の不倫には明確な理由がありません。相手の女性が妻以上に魅力的というわけでもない。「相談されて話を聞いていたら、いつの間にか深い関係になってしまった」。まあよく聞く話ですが、たいていの不倫の始まりは「何となく」なんです。

同様に夫の不倫も何となく始まったようでしたが、当時、夫が単身赴任中で目が届かなかったこともあり、なんと7年もの間、私を苦しめました。

夫が入れてくれる生活費はどんどん目減りし、当時住んでいたマンションのローンを払ったらほとんど残らないというありさま。赴任先から1カ月に2回は自宅に帰ってきていたのが、やがて3カ月に1回に減り、季刊の雑誌か！　とツッコミたくなるほどでした。私と娘（当時3歳）は、ほったらかしにされていたんです。

パートの仕事で何とかやりくりして懸命に生活していたある日、

「生きていれば間違いがあって当たり前。娘にとって父親は一人しかいないんだから、今のままじゃダメだ。女ごときに負けてたまるか！　夫のもとへ行こう」

突然決心した私は、住み慣れた福岡の街を離れて夫の住む大阪に娘とともに引っ越しました。そして、すったもんだの末に不倫を終わらせた夫とやり直し、ようやく家族らしい暮らしができるようになったんです。

不倫中は私たちに興味も関心もなく、家事・育児に関わることも一切ありませんでしたが、その後、夫は本当に変わりました。彼が現在、家庭で取り組んでくれていることをご紹介しましょう。

- 自分の衣類をすべて洗濯して干し、畳んで片づける
- ゴミの日には率先して家じゅうのゴミを集め、集積所に持っていく

●買い物を頼めば、すぐに行ってくれる
●何も言わなくても掃除機をかける
●積極的にお風呂掃除や夕食の後片づけをする

このように、昔の姿が信じられないほどの〝神夫《かみおっと》〟になったんです。

神夫とは、妻と子どもを大切にし、仕事に邁進《まいしん》し、家事にも自発的に取り組む非の打ち所のない夫のことです。わが家には「お風呂掃除をした人が一番風呂に入れる」というルールがあるので、じつはお風呂掃除は争奪戦。いつも勝利を収めて一番風呂に入っている夫に「チッ」と思うこともあるのですが（笑）。

22歳になった娘を溺愛《できあい》するデレデレパパでもある夫。会社員生活を経て、今は建築関係の会社を経営しています。やること盛りだくさんの忙しい毎日、夫と話していると気持ちが安らぎ、

「この人だから私は私らしくいられるんだなぁ」

と、心から思います。

この「5つのステップ」で鬼化した夫がみるみる変化！

あんなに私を苦しめた夫が、どうしてこんなに変わることができたのでしょうか。

その理由は、私が編み出した「神夫に変わる5つのステップ」にあります。神夫的な行動を強要することはありません。妻が5つのステップに沿って夫と会話していくことで、家族思いの夫、自発的に動ける夫に自然と変わっていきます。私が実践したのは、本当にこれだけなのです。

この5つのステップは、私が独身時代に従事していた営業職で学んだ「購買意欲の8段階」というメソッドをもとに考案しました。

お客さんが商品やサービスを購入するときの心理状態は、次の8段階に分かれていると考えられます。

①商品に注目し、
②興味を抱き、
③使ってみたらどうなるかなと想像し、

④欲しいと思い、
⑤ほかにもいいものがあるかと比較し、
⑥目の前の商品と商品をすすめてくれる人を信頼し、
⑦買うという行動に踏み切り、
⑧購入したことに満足する。

これをベースにして、妻や子どもに関心のない夫に注意を向けさせ、家族を再構築できるようにつくり上げたのが5つのステップです。ビジネスも夫婦問題も、そこにいるのは幸福を追求する「人」であるという意味では同じなのです。

「私さえ我慢すれば」はやめましょう

さて、ここでひとつ、気をつけていただきたいことがあります。

夫婦問題を解決していくうえで、我慢はしなくてもいい……いや、してはいけないんです。妻が我慢している場合、問題が解決したように思えても、夫のちょっとした言動などをきっかけにしてパンドラの箱が開くように負の感情が爆発してしまうことが多いからです。

ご相談に来られる私のクライアントさんのなかにも、そんな我慢をしてきた方が多くいました。

「私はこれだけやってきたのに！」

「私だけ頑張っててバカみたい！」

困った夫との関係を修復すべく極限まで頑張りすぎた妻は、夫が思うように変わらないと絶望してしまうのです。

夫も生身の人間です。そのときの仕事の状況や体調などで余裕のないときもあるでしょう。時に5ステップの進み方が遅く感じられても、焦らないでください。夫の神化《かみか》は一直線の右肩上がりではなく、上がったり下がったり、ジグザグに進んでいくものです。

〝我慢妻〟が多くいるのは、「良妻賢母」の概念がいまだにあるからだと私は思います。

「いい妻になれば夫は変わり、私を大切にしてくれる」

そんな期待をして、良妻賢母であろうと無理をする妻たちが多いんですね。

何を隠そう、結婚して3年間は私も良妻賢母、尽くす女でした。

夫が帰宅したら玄関まで小走りで急ぎ、「お帰り〜！　無事に帰ってきてくれてうれしい～♡」。掃除も洗濯も絶対にさせないし、キッチンに夫が入ることも皆無。温かくて美味しい料理を食べさせたいから、たとえば夕飯のメニューが鶏のから揚げなら、夫の帰宅が遅いときはお肉に火が通る程度に揚げておき、夫がお風呂に入っている間にそれをまたカラッと揚げていました。レンジでチンじゃ衣がフニャ～としてしまうじゃないですか。二度揚げって、尽くす女の証明みたいなものです（笑）。でも、ここまでやっていたにもかかわらず不倫されたわけですからね……。

やりたくてやっていた良妻賢母ですが、いま思えば「いい妻でいなきゃ」という義務感や責任感にかられていたのかな、という気もします。

我慢する良妻賢母がうまくいかないことは私が証明します。

それでも良妻賢母したい方、自分を好きでいられるところまでで十分ですからね！　我慢しすぎて自分を嫌いになったり、被害者意識にまみれたりするような良妻賢母なら、やめておきましょう。

夫の言葉や行動に悩まされているときって、自分を責めて、夫を憎んで涙して、でも愛情があるから、そんな自分をまた責めて……の繰り返しですね。

昔の私と同じように悩んでおられる皆さんに、本書の「夫婦関係修復メソッド」をお役立ていただけたら、本当にうれしく思います。

あなた自身が夫に自然な変化を促し、あなた自身で人生をハッピーにすることが、5つのステップのゴールです。

自分の人生に責任を持って進む方向を決めていってくださいね。ほかの誰にも決めさせてはいけませんよ。

何が起こっても、私は絶対にこの家族と幸せになる。

私には幸せになる権利がある。

そう覚悟を決めましょう。幸せを自分でつくりながら家族を大切に育てていく――それが、これからの時代に必要な妻のあり方だと私は思っています。

河村陽子

うちの夫を「神夫」に変える方法

目次

Part 2
どんな夫も「神夫」に変わる5つのステップ

Part 3 わが家もこうして「神夫」に変わりました

本文イラスト・デザイン……岡崎理恵
編集協力………………会田次子
企画協力………………DreamMaker

Part 1

やってはいけない「夫のトリセツ」

言い方ひとつで夫は鬼化します

「夫にちょっとした家事や用事を頼んだだけなのに、ガチ切れされちゃった」
「平日、子どもと一緒にいるのはほぼ私。週末ぐらい子どもと関わってほしいのに、夫はいつもゴロゴロ。家族に関心ないのかな」
「私の気持ちをわかってほしくて話をすると、いつの間にか言い合いになって、お互い最悪な気分！」

この人が大好き♡という想いだけでうまくいく新婚からの数年を過ぎると、お互いのアラも見え出し、だんだん夫婦間にモヤモヤする出来事が起きるようになってきます。子どもを授かることによる生活の大きな変化や、お互いの仕事の状況など、きっかけとなることはいろいろあります。

そんなつもりはないのに、あなたのちょっとした言葉や行動などによって夫が怒って豹《ひょう》変《へん》することはありませんか？

大声で怒鳴る暴君と化したり、逆にダンマリを決め込んであなたを無視したり。このように夫が妻の手に負えなくなってしまう状態を、本書では夫の「鬼化《おにか》」と呼びます。

鬼化――この文字ヅラだけでも不穏で、何としても避けたいと自動的に思いますよね。

実際、鬼化した夫は聞く耳も持たず理不尽な自己主張ばかり繰り返したり、場合によっては家庭を顧みなくなって浮気・不倫やＤＶに走ったりと、非常に困った〝鬼〟になってしまいます。こんな夫では夫婦でいることの幸せなんて感じられないし、子どもにも悪影響が及ぶかもしれませんね。

夫の鬼化は、女性の人生の一大事なのです。

だからといって離婚すればいいわけではありません。鬼になったとはいえ夫ですから、鬼退治して終わり、ではないのです。

では、夫を鬼化させないためにはどうしたらいいのでしょうか。

まず知っておいてほしいのは、男と女の考え方、物事の捉え方の違いです。

「そんなのわかってるわよ。男と女が違う生き物なのは当たり前でしょ」

そうです、まさにそうなんです。でも、この基本をわかっていない妻はものすごく多いのです。

男性が何よりも嫌うのは、決めつけられることです。これはもう男性全員が嫌がります。妻が「あなた、こう思っているんでしょう?」と思考の代弁をしたり、「また○○しようとしてるわね」と行動の先読みをしたりすると、夫は100%拒否反応を示し、速効で鬼化へのレールが敷かれてしまうので要注意です。

私たち女性って、頭の中の言葉の数が男性よりも断然多いのです。だから女性同士でランチしながら、そんなに重要な内容でなくても3時間ぐらい喋《しゃべ》り続けられてしまうんですね。ランチで長時間喋りまくる男性はあまりいないでしょう。

さらに女性の特徴として、脳内での〝ひとり会話〟があります。

「どうやらいま、夫はよからぬことを考えてるみたい。う〜ん、何としても阻止しなきゃ。じゃあ、私、何て言えばいい? はっきりダメって言うのがいいかな。いや、直球すぎか。もっと効果的な言い方は……?」

女の人は脳内で、こういうひとり会話を無意識かつ無限に繰り広げています。時にはそれが功を奏する場面もあるかもしれませんが、何か決めつけると、どんどん悪いほうへ考えて、怒ったり落ち込んだりして冷静さを失い、夫への言葉選びを間違えて、関係に自らヒビを入れてしまいかねません。

また、男性は、本当はしないといけないとわかっていることでも、やれと言われると途端にやりたくなくなります。

これって私たち女性に言わせれば、まったくちっちゃいノミのようなプライドなんですが、もうこれに関しては、男性はそういう生き物なのだと思ってください（笑）。

こういった男性の特徴をふまえて、次ページからは「夫が鬼化するセリフ」を具体的に紹介していきます。

断言しますが、**夫との関係を賢く良好にできるのは、妻であるあなたしかいません。**

夫に対して最も言ってはいけないNGワード、知っておいて損はありませんよ！

「掃除して」

女性にとって家は、家事や育児をする場所です。もちろんくつろぐ場所でもありますが、清潔さや快適さを維持して、美味しい料理をつくり、家族の衣類をキレイにし、子どもに向き合うといったタスクを滞りなくやり遂げるところ。いわばコックピットという側面があります。

では、男性にとって家とは何でしょうか。断然、休む場所です。何といっても夫は家でゆっくりしたいのです。だから妻がド直球で「掃除して」と頼むと、夫はカチンときてしまうんですね。

そもそも男性は指示されること、命令されることが大嫌い。しかも面倒くさがり屋ときています。毎日、会社で上司から指示が飛んできて対応を余儀なくされているのに、「家にいるときまで命令されたくないんだよ！」となるわけです。

でも共働きなら妻だってそれは同じ。とはいえ、「私だって働いてるんだから、ちょっとぐらい手伝ってくれてもいいでしょう！」などと言ってしまうのは完全にNGです。空気はどんより重くなり、怒りの導火線に火がつきます。当然ながら掃除なんてしてもらえず、夫婦関係が冷え込むだけ。

私たち女性は日々いろいろな用事に仕事に家事に育児に忙しくしています。どうしても余裕がないとき、たまたま手が空いていそうだった夫にちょっとした家事を頼んだだけで怒られる、そもそも普段から夫が家のことを何もしてくれないと訴えるクライアントは大勢いらっしゃいます。

望み通りに夫に動いてもらいたいなら、やってほしいことをそのまま伝えるよりも、言い方をちょっと工夫して伝えるほうが成功率がアップします。私が皆さんにお勧めしているのは次の3つの方法です。

①「I《アイ》メッセージ」

「私、こういうことしてほしいなぁ」「こうしてもらったらうれしいなぁ、私」というように、主語を「私」にする頼み方です。掃除してほしいなら、「リビングをキレイにしてもらったら、私うれしいなぁ。お願いしてもいい？」といったように。

ここで注意したいのが、セリフの中に「あなた（夫）」を入れる「ＹＯＵメッセージ」にしないこと。

「あなたがリビングを掃除してくれたらな」と言うと、夫の意識は「掃除させられる俺」に向き、やらされるのは嫌だ、絶対にやらない！　となってしまいます。ここはあくまでもＩメッセージが正解。

「私はここがキレイだったらすごくうれしいんだけどなぁ。お願いしてもいいかな？」と、ちょっと下手《したて》に出て頼るニュアンスを加えるのもいいですね。

Ｉメッセージでお願いした後は、「ありがとう！　助かったわ」などの感謝の言葉をお忘れなく。

②小さな範囲だけ頼む

男性には、自分の仕事の範囲がわかると動きやすいという特徴があります。

家の中で、あなたの夫の定位置ってどこでしょうか？　うちの夫の場合はリビングのソファです。そこで、**「ねぇ、そこのソファのあたりだけでいいから掃除してくれたら助かるなぁ」**とお願いすると、案外スムーズにやってくれます。

「私はキッチンの片づけをするから、あなたはソファとその周りだけお願い」というように、夫だけにさせるのではなく分担するのだと伝えるのも効果的です。

こうして小さな範囲の掃除をしてもらえるようになったら、その範囲を少しずつ広げていくことも可能になってきます。

たとえば夫が定位置のソファでいつも見ているテレビのホコリをハンディワイパーで取ってもらうなど、本当に少しずつ、小さな頼みごとを増やしていき、やがてはリビング全体に掃除機をかけてもらうところまで持っていく。

このように、**目標達成までに小さく段階を踏んで進めるやり方を「スモールステップ」といいます。**営業ウーマン時代、私は仕事の現場で実践していました。

このスモールステップ、じつは夫に頼みごとをする場面にも役立ちます。うちの場合は見事、夫に食器洗いを毎日してもらうことにも成功したんですよ。

そもそも夫は食べたら食べっぱなし。「洗って」といきなり言ってもやってくれないのは目に見えていたので、まずは「キッチンのカウンターに茶碗とか移動してくれると助かる～」から始めました。

それができるようになったら、次に、「シンクまで持ってきてもらってもいい?」と。

そして、それが習慣づいた頃、「自分の茶碗だけでも洗ってくれたらすごく助かるわ〜」と言ってみました。

最初は文句を言ってましたよ。全部一緒に洗ったらいいじゃない、と。でも、「いやぁ、ちょっと今日、私忙しかったからしんどいの。お願いできたらうれしいなぁ。ごめんね、ありがとう」と言ったら、何やかんや言いつつも洗ってくれて……。

1回洗ってくれたら次もやってくれる可能性が高まります。夫の場合も、自分の食器を洗う習慣がついたのを見計らって、「ついでに私たちの分もお願い！　ありがとう！」とステップを進めたら、いまでは夕食後、家族全員分の食器を洗ってくれるようになったんです！　食べっぱなしの茶碗がカピカピになろうがお構いなしだった夫にしたら、すごい進歩ですよ。

ただ、中には何を言ってもやらない人がいます。その場合は、罰を与えるのも一手。私は、茶碗やお椀、取り皿など夫用の食器を決めたうえで、「ここに持ってこないと洗わないからね」というルールを言い渡したことがあります。

食卓に置きっぱなしにしたら、ずーっと置いたままにしておく。それで、「あなた、ご飯食べたかったら、それ洗わないと食べられないよ〜」と。私もけっこうオニな面がありまして(笑)。率先して全員分の食器を洗ってくれるようになったいまでは懐かしい話です。

③掃除をしない

これはちょっと思いきった方法なのですが、あえて掃除をまったくせず、自分が掃除しなければいけないと夫が思うような状態にします。

掃除していない部屋を見て、不機嫌になる夫もいるでしょう。そんなときは、「今日は子どもの保護者会と習い事の付き添いがあったから掃除できなかったの。ごめんね」などと理由を伝えます。でも、やらない(笑)。

夫のタイプにもよりますが、キレイ好きな人だと、ちょっと時間があるときに掃除機をかけたりしてくれるようになります。「掃除は俺の役目」という意識が生まれたらしめたもの。**男性は〝習慣の生き物〟なので、その後もずっとやるようになります。**

最初は1カ月に1回ぐらいかもしれませんが、徐々に10日に1回、1週間に1回と掃除してくれるようになるケースもあり、荒療治ながらも男性の特性に合った方法といえます。

根《こん》くらべ的な要素もあるので、意志の強い気丈なあなた、トライしてみませんか?

「子どもと遊んで」

男性は何に関しても押し付けられることが大嫌いです。それがたとえ愛するわが子に関することであっても、「義務感」の3文字が脳内に点滅した途端に逃げたくなります。だから、「休みの日ぐらい子どもと遊んでよ」と妻に言われて腰を上げるのは、何とも気分が悪いのです。

私たちだって、ちょっと頼んだだけなのに夫に苦虫を嚙みつぶしたような顔をされたら不愉快ですよね。ヘタをすると、間に入った子どもにまでイヤな思いをさせてしまうかも。そんなこと、絶対に避けたいですよね?

夫に義務感を抱かせずに子どもと遊んでもらうには、常日頃からの仕込みが大事です。夫が珍しく子どもを公園に連れ出してくれた日や、一緒にゲームで対戦してくれた日など、遊んでくれた翌日がチャンス。ここを逃してはいけません。

「パパと遊んだらすっごく楽しかったって、あの子、とっても喜んでいたわよ～」

と、キラッキラの笑顔で夫に伝えるのです。

ここでポイントになるのは、子どもがいる前で言わないこと。同じ家の中に住んでいる家族ですが、「自分に関する噂話」として夫に聞かせるのがいいのです。人って直接ほめられるのも好きですけれど、自分のいい評価を自分のいない場所で、ほかの人が口にしていた、と知るとさらにうれしくなりますから。

夫の自尊心をくすぐるような伝え方をするのも効果的です。

「あの子、『パパと遊んだら、ママとは全然違って、体を動かして思いっきり遊べて楽しかった』って言うのよ。なんか私、悔しくって。なんかさぁ、**パパのほうが子どもの心をつかむのうまいよね**」

こんなふうに言われたら、夫は「やっぱり俺じゃないとダメなんだな。よっしゃ、次の休みには子どもとどんな遊びをしよう」と自然と考えるようになります。

そもそも、子どもとの距離は母親のほうが近いですよね？　とくに小さいうちは一心同体。そりゃあ、お腹を痛めて産んで、授乳したり夜中に起きてお世話したり、甘えさせたりしてかわいがってきたわけですから、母親は子育てに関して父親とは年季が違うのです。
このような母子の密着ぶりを傍《はた》から見ている父親からすると、どこか母親に負けているという意識があるんですね。実際、ちょっとひがんでいるところもあります。だから、「あなたのほうが私より子どもの心をつかんでいる」と聞くとうれしくなってしまうのです。

夫に伝えるのは、全部が全部、本当のことでなくても大丈夫です。子どもがパパと遊んだ日のことをたくさんの言葉であなたに伝えてはいなかったとしても、あるいはとくに何も言っていなかったとしても、ちょっとでも楽しそうな様子が見えれば、そこを大きく膨らませて、ぜひ夫に話してあげてください。

私は相談にみえるクライアントに、

「ご主人に、いい嘘をいっぱいついてくださいね」

と、いつもお話ししています。「いい嘘」に罪はゼロ、素敵な結果しか生まれません。夫が自ら子どものほうを向いて、喜んでコミュニケーションをとってくれれば、夫にとっても子どもにとっても、あなたにとってもいいことばかり。三方よしなのです。

いい嘘で男性をいい父親・いい夫に仕上げていく。そんなつもりで。こう言ったら何ですが、男性は単純なので、「そんなふうに俺のことを見てくれてるんだ。うれしいな」と素直に受け入れていくものですよ。

もうひとつのやり方をご紹介しましょう。それは、この「いい嘘」を夫のお母さん、つまり義母にも伝えることです。そして、それが義母の息子であるあなたの夫に伝わるようにするという、ちょっぴり上級テクニックです。

「やっぱり○○（子どもの名前）、□□さん（夫の名前）じゃないとダメみたいなんですよね〜」

と、義母に話してみてください。

義母は、自分の息子に関するいい話を聞いたらうれしいですから、絶対に息子＝あなたの夫に言います。

「○○（孫の名前／夫にとっては子どもの名前）、パパと遊ぶのがものすごく楽しいって言ってたらしいのよ。あなた、いいパパしてるのねぇ」

すべての母親にとって、自分の子どもをほめられることは何にも代えがたい喜びなのです。それはあなた自身も同じですよね。

そして夫は、またまた自分のいない場所で、自分のいい評判が噂されていたと知ることになり、「自分は子どもに好かれているいい父親だ」という意識が根付きます。こうなれば、誰に言われなくても子どもといいコミュニケーションがとれるようになるわけです。

人間には、「いい人」のレッテルを貼られると、自ら「いい人」であり続けようとする心の働きがあり、これを心理学では「一貫性の法則」といいます。

ご紹介した会話術は、この法則からヒントを得たものです。

「裏から手を回しているみたいで気が引ける」と思いますか？　いいえ、これは「回り回って、いいパパになってもらうための下ごしらえ」です。

妻に「子どもと遊んでよ」と半ば責められるように言われ、イヤな顔をしながら渋々子どもにつき合う夫と、自分から進んで子どもと遊んでくれる夫と、どちらがいいでしょうか。何より、子どもはどちらのパパが好きでしょうか？

男性は女性と比べて、家族と過ごす時間が絶対的に少ないものです。

会社勤めの夫なら、平日に家族とコミュニケーションできるのはせいぜい一日1～2時間ほどという人も多いのではないでしょうか。残業などして帰宅が遅くなれば、子どもはとっくに寝ているという日もあるでしょう。

夫と家族とのつながりは、私たち妻がつくってあげませんか？「幸せにしてもらう」から「幸せは心身をフル稼働して自分でゲットする」に思考をシフトすることが、本当の幸せをつかむための、はじめの一歩ではないかと思うのです。

＼夫が鬼化する言ってはいけない言葉③／

「（夫は）わかっているはず」

まず最初に、男性の「わかってる」と女性の「わかってる」はまったく違うと肝に銘じましょう。「夫には伝えたし、わかっているはず」と思っていると、突然、足をすくわれることになります。

たとえば、年末に夫の実家に集まるという家族の恒例行事があったとします。でも、夫は直前まで仕事をしなければならない。そんなとき、あなたが夫に「12月31日、○時に実家に集合ね。お義兄《にい》さんの家族も参加するからね」と伝えると、夫は「わかってるよ。毎年のことじゃん」などと答えます。

でも、夫がわかっているのは、「12月31日、○時に実家」という基本情報だけです。そこに行けばいいんだな、と。

それに反して私たち妻は、「お土産を持っていかないと」とか、「お義母《かあ》さん、何か買ってきてほしいものがあるんじゃないかな」とか、「お手伝いすることになるから動きやすい服装で行こう」とか、頭の中でありとあらゆる考えを巡らせています。

ところが、男性はこういったことにはまったく思考が及びません。だから、「毎年、お義父《とう》さんの好きな銘柄のお酒を買ってきてって頼んでるから、夫は今年も買ってきてくれるわよね」などとアテにするのはとてもリスキーです。まず絶対に買ってこないですよ（笑）。

夫の実家に集まるのって、女性にとってはなかなか気の張るシチュエーションですよね？

結婚して何年も経って、義父母とも夫のきょうだいの家族ともフランクな関係になっていたとしても、嫁の立場にある女性たちは、お義母さんやお義父さんが何をしてほしいと思っているか、常に気を配っています。男性たちのように、ただそこに行ってだらだら飲んだり食べたりしていればいいわけではありません。手土産などの準備にしても、抜かりがないようにやりたいと考えていますよね？

だから夫には、

「あなたの会社の近くの年末も営業してるあの酒屋さんで、○○という銘柄の日本酒の一升瓶を買ってきてね」

「お義母さんの好きなシクラメンの鉢植えを、実家の最寄りの駅ビルの花屋さんで買ってきてね。白がお好きだから、白いシクラメンね」

といったように、細かく丁寧に伝えることを断然おすすめします。

じつは私の夫こそが、細かく伝えないと本当にダメなタイプ。「わかってるよ」が、まったくアテになりません。

先日も、トイレットペーパーがなくなりそうだったので、ちょうど近所に用事があって出かけようとしていた夫に「トイレットペーパー、買ってきて」と頼んだんです。「えーと、買うペーパーはね……」と説明しかけた私を、「わかってるよ、大丈夫」と制した夫。いや〜な予感の私。

その予感は案の定、的中しました。

うちのトイレットペーパーはいつもシングルの白。12ロールで298円か350円ぐらいのものを使っていますが、夫がドヤ顔で差し出したのはダブルでピンク色の地に花柄。ご丁寧に香り付きで、500円以上するものでした。やはり「わかっているはず」は通用しなかった……。いつも使っているものとこれほどまでにかけ離れたものを、なんでわざわざ選ぶのか？

夫が「わかって」いたのはトイレットペーパーを買う、ということだけだったんですね。だからお店に入って目についたものをヒョイと取ってレジに直行してしまった。うるさがられても細かく説明するか、メモに詳細を書いて渡すかぐらいしないとダメなんですね。

常日頃、夫の行動に悩む奥様方のご相談に乗らせていただいている私でも、こんな失敗をしでかすことがあります。

男性の「わかってるよ」って本当にアテにならないものなのです。

夫が鬼化する言ってはいけない言葉④

「どうせ〇〇なんでしょ？」

女性は脳内の言葉の数が男性よりも多いと、先にもお伝えしましたが、その特徴がいっそう発揮されるのは、感情が不安定になっているときです。

夫のちょっとした言動がきっかけで、

「夫は私のことを粗末に扱っている」↓「私はないがしろにされている」↓「私、夫にとっていったい何なんだろう？」

というようにネガティブな思考が持ち前のボキャブラリーを伴って猛スピードで進むと、ついには夫に、「どうせあなたにとって私は家政婦なんでしょ？」なんて言葉をぶつけてしまうのです。これはもう絶対に嫌われるし、最初は怒っていなかったとしても、言われているうちに夫は必ず怒り出してしまいます。

男性は決めつけられることが大嫌いですから、「どうせ○○なんでしょ？」には猛反発するのです。いわばトップオブNGワードに輝く(？)セリフ。絶対に言ってはダメです！「どうせ」を言う女性は男性にとってどんどんうっとうしい存在になり、魅力が感じられなくなってしまいます。

しかも、**怖いのが「どうせ私は家政婦なんでしょ？」と言われた夫は、本当にあなたを家政婦だと思うようになることです。**少なくとも「僕のかわいい奥さん」とは思わなくなる。**人って、言われた通りの思考になるのです。**そんなの耐えられませんよね？　だから私たちは自分を下げるような発言をしてはいけません。

妻が言いがちな「どうせ」の例をほかにも挙げてみましょう。

「次の休日、子どもたちを連れてどこかに行きたいんだけど、あなた、どうせ仕事なんでしょ？」

こんな言い方をされると夫はすっかりイヤになり、「そう思ってるなら」と、わざわざ休日に入れる必要もない仕事をあえて入れたくなってしまいます。

フルタイム共働きのご夫婦だと、

「来週の保護者会、どうせ行ってくれないんでしょ?」

というのもありがちですね。

夫のほうは「いつも妻に出席させてるし、たまには仕事の都合をつけて自分が出席してもいいかな」と思っていたとしても、この「どうせ」を言われることで、「あー、そんな言い方するんなら行かないよ」と、意固地《いこじ》になってしまうのです。

どちらのケースも、妻が「どうせ○○なんでしょ?」と言ったばかりに、夫の気持ちがこじれてしまっています。「どうせ」が、いかに何の役にも立たないムダなセリフかおわかりいただけますよね?

これら2つの「どうせ」に共通するのが、**責めるような言い方をしながら、その裏に淡い期待と本音を忍ばせていることです。**

前者の、

「次の休日、子どもたちを連れてどこかに行きたいんだけど、あなた、どうせ仕事なんでしょ?」

↓
「ねぇ、次の休日には仕事を入れないでほしいな〜。たまには家族みんなで楽しく出かけたりしたいと思ってるの。お願いできる?」
後者の、
「来週の保護者会、どうせ行ってくれないんでしょ?」
↓
「私、保護者会の日に仕事の都合がつかないかもしれないの。もし、予定大丈夫なら行ってくれると本当に助かるんだけど、お願いできる?」

皆さん、何か気づきませんか?

そう、どちらも素直にその期待や本音をＩメッセージで伝えれば、問題なく夫がイエスと言う可能性が高いんですよ。

女性の脳内の言葉数の多さは頭の回転の速さの表れです。イヤな結果しか生まない〝ひとり会話〟も、いろいろな思考が次々と浮かぶ脳だからできるのです。

でもその結果、「どうせ〇〇なんでしょ?」と言ってしまっては、夫を加速度的に鬼化させてしまうだけです。あなたの素直さ、かわいさ、家族を大切にする気持ちをそのまま伝えてみませんか?

夫が鬼化する言ってはいけない言葉 5

「〇〇って思っているんでしょ?」

これは前項の「どうせ〇〇なんでしょ?」とコンビのようなNGセリフです。女性特有の表現ともいえるでしょう。

基本的に男性には、「相手がこう思っているのでは?」という思考に乏しいという特徴があります。

女性の扱いに慣れた男性だと、そういう思考も一種の手札として持っていたりするのですが、大多数の男性はそうではありません。だから私たち女性は、「ちっとも私の気持ちをわかってくれない!」と、しょっちゅう不満を抱えてしまうんですね。

私たち女性は過去に生きています。夫が何を言ったか、どんな行動をしたか、そのときの表情や声音《こわね》、それによって自分はどう感じたか……などなどが時系列メモとしてビシッと頭の中に入っています。そして、自分が傷つけられた記憶には目立つ色でアンダーラインが引かれています。いい思い出より、悲しかったこと、つらかったことを鮮明に覚えているのです。

そのデータを元にして、「夫の表情からして、絶対こう考えているに違いない」と決めつけ、「○○って思っているんでしょ？」と言ってしまう。それと同時に夫の反応も見ています。１つの嘘も見逃さないぞ！　の勢いで。いやぁ、私自身もそうだったりするのですが、恐ろしいですねぇ、女って（笑）。

対する夫はというと、「○○って思っているんでしょ？」のセリフをそのまんま受け取るだけです。何度も言いますが、男性は決めつけられるのが大嫌いですから、「いや、俺はそんなこと思ってないし。勝手に決めんなよ」と心を閉ざしてしまうのです。まったくいいことがないですよね。

たとえば、

「私のこと、うるさい女だと思ってるんでしょ?」

は、女性が言いがちなセリフの代表格です。夫がそんな感じの表情をするから先読みして言ってしまうんですね。

それから、私のクライアントには、

「私があなたと一緒にいるのは、あなたのお金が目当てだからだと思ってるんでしょ?」

と言ってしまって、夫との関係がこじれた方がけっこういらっしゃいます。

このセリフを言うからには、経済的にゆとりがあって、何不自由ない暮らしをしておられる。つまり、ある意味、夫婦関係が成り立つ理由にお金の要素はあるのです。夫の側もそれはわかっていますし、稼げる自分に自信を持ってもいます。恵まれた生活ができているのですから、それ自体はいいことですよね。

ならば、「お金が目当てだと思ってるんでしょ?」なんてセリフを吐くのだけはやめておきましょう。なぜなら、夫の頭の中に言われた言葉通りの自覚が芽生えるから。

それまでは「稼げる自分のおかげで裕福な暮らしができる家族は幸せだよな」と思っていたのに、「ああ、コイツが言うとおり、俺は金ヅルだな」と、悪い意識に変化してしまいます。

もちろん、妻だって「あなたは金ヅル」なんて言いたいわけではないのです。自分に経済力がなく、夫にお金を絶たれたら生活できないとわかっているので、不安になって確かめたくなってしまうだけ。「金目当ての女と思われていないだろうか」と。

女性は気持ちを察してほしい生き物です。端々にヒントを忍ばせるつもりで、皆まで言わず、期待をのせて話します。

「うるさい女だと思ってるんでしょ?」は、「そんなこと思ってないよ。お前がいろいろ言ってくれるのが、俺、いつもありがたいと思ってる」と言われたいから。

「お金が目当てだと思ってるんでしょ?」は、「そんなわけないじゃないか。大切な奥さんなんだから」と言われたいから。

どちらも期待の表れなんですね。しかし、男性にはそんなこと通じません。何かを察したとしても、カマをかけられているように感じて不愉快になるだけです。

とくに「お金目当て」のほうは、さながら夫婦関係を破壊する爆弾です。夫があなたを「金目当ての女」と認識し、自分は金ヅルなのかとうんざりし、夫婦関係はどんどんギクシャクしていきます。絶対に口にしないでくださいね。

経験者は語る！ 夫に不倫されたとき、やってはいけないこと

夫に不倫された妻のことを「サレ妻」といいます。ネットから生まれた言葉で、最近ではドラマのテーマになるなど、多くの人に知られるようになりました。

派生して、「サレ夫（不倫された夫）」「シタ妻／シタ夫（不倫した妻／夫）」という呼び名もあるようです。

「サレ妻」——悲壮感がなく、軽くてポップな感じさえする言葉ですが、当事者の女性たちは地獄の苦しみの中にいます。

信じていた夫に裏切られた苦しみに寝ても覚めてもさいなまれ、自分にはもう女としての魅力がないのかと絶望。

妻である自分とかわいいわが子がいるのに、なぜ？　と自問自答し、自分の落ち度を責めたかと思えば猛烈な怒りに震え、身を裂かれるような悲しみから逃れることができなく

なってしまいます。

プロローグでもお伝えしたように、私自身、夫に7年も不倫された経験がありますから、サレ妻の気持ちはものすごくわかります。


私のところにはたくさんのサレ妻たちがご相談にみえます。皆さん憔悴《しょうすい》しきっているか、強い怒りが煮えたぎっているのが目に見えるようなご様子です。

そんな妻たちにお伝えするのは、**まずはゆっくり休んでほしい**ということです。

不倫は、現場を見てしまうなど、突然露呈する場合もありますが、「何だかおかしい」とピンとくるところから始まり、夫の言動や状況証拠から総合的にクロとなることも多いもの。皆さん、疑心暗鬼の期間が長く、疲れ切って身も心もボロボロです。

「こんな状況で休むなんてできない」と思われるかもしれませんが、心身ともにひどいダメージを受けているときは必ず休んでください。

そのような状態で夫に対して何か行動を起こしても、ろくなことがないからです。


クライアントのなかには「サレ妻未満」の方もたくさんいます。

女性は頭の中にいつも「なぜ?」が入っていて、その**「なぜ?」に苦しんでいる人がものすごく多い。**

「なぜいつもこんなに帰りが遅いの?」「なぜ隠し事をするの?」「なぜ私を大切にしてくれないの?」「なぜ家庭を顧みず自分勝手なことばかりしてるの?」、なぜ、なぜ……。

こうして自分の生み出した「なぜ?」に追い詰められたあげく、夫は不倫しているに違いないと確信し、自分はサレ妻なんじゃないかと疑う〝妄想族〟になってしまう方がとても多いのです。

私のクライアントにも、まさに〝妄想族の総長〟と呼びたくなる方がいるのですが、彼女は夫が何をしても、すべて不倫に結びつけてしまいます。

夫がスマホを持ってトイレに入っただけで、「トイレで女にラインしてるに決まってる」。「昨日は帰宅してから9時までご飯を食べてたのに、今日は早く切り上げて部屋に行ったから何かあるに違いない」とおっしゃっていたこともありました。

妄想族、しかも総長レベルになると、夫のすべての行動と言葉が被害妄想につながってしまうのです。

小さなことによく気がつき、心配りができるのは、私たち女性の長所です。そして多くの女性は真面目で勉強家。わからないことがあれば、すぐに検索しますよね。

ところが妄想族になると、「浮気されているのは確定」という前提で調べるので、不安が増すようなネット記事にハマって精神的に不穏になることも実際にあるのです。

自分で自分を苦しめるのは、絶対にやめにしましょうね。

ここでは、サレ妻になってしまったときにしてはいけないNG行動をご紹介します。

サレ妻だった私自身、ダメな行動をしていた時期もありました。

たくさん泣いて、怒って、それでも前向きな気持ちを忘れずサレ妻から脱却できた私の経験と、多くのクライアントのご相談をお受けするなかで得た知識は、必ずお役立ていただけると思います。

サレ妻がやりがちだけど、してはいけない行動①

心の傷が深いときに行動を起こす

夫の不倫がわかって大ショックを受けると、しばらくの間は、いわば心の中は大ケガをして体中から大量の流血状態です。

家のこともやらなければいけないし、育児は何があろうとしなければならないし、仕事もあるので、表面上は滞りなく生活するしかないのですが、心は大ケガを負っています。ケガをしたら傷を治し、痛みを癒やす時間が必要ですね。

心に深手を負っているときに夫と無理に話し合おうとしても、うまくいくはずがありません。ましてや離婚に向けて行動を開始するなどもってのほか。

「半年は動かない」と心に決めてください。

夫の不倫がわかると妻は、「あのとき私、子どものことで本当に大変だったのに、あの人は外で女と会っていたんだ！」などと、頭の中の記憶を不倫夫の言動とつじつま合わせするようになります。

女は過去に生息する生き物ですから、かつての出来事を脳内からスルスル取り出すのが得意。時には何の関係もない事柄まで不倫と結びつけるので、不幸感は否が応にもレベルアップします。

夫のスマホを見てしまうのも、この時期にやりがちなことです。

サレ妻だった私自身の話ですが、夫の母親が体調を崩して入院し、自宅で一人で生活をしている義父のお世話に通っていたことがありました。夫は仕事が忙しいからとノータッチ。まあ、出張も多いし忙しいのはわかる。ここは嫁の私がやるしかないと、仕事も家事も育児もしながら頑張りました。

ところが不倫発覚後、あのとき、もしや……と夫のスマホを見たら、女性と食事に行ったり旅行に出かけたりしていたんですよ！　これにはマジでブチ切れました。

まあ、そもそも**夫のスマホを見る行為は不幸に直結するのでやめるべきなのです。**

そんなことはわかっている。でもやってしまうのが、不倫発覚後の半年なんですね。

もうひとつ、私が荒ぶる鬼と化した経験をご紹介しましょう。

妻が鬼化するのは、たいてい子どもの一大事に夫が何もしなかったときです。

夫不在のある晩、娘がお腹が痛いと泣き、薬を飲ませるなどして看病していた私。ところが、夜中の2時になっても泣きやまなくて不安になり、夫にメールしたけれどまったく返信がありません。救急車を呼ぶか迷った末、娘を車に乗せて救急病院へ。レントゲンを撮ったり点滴したりで、帰宅したのは朝方の4時か5時頃だったと思います。

大事には至らなかったのですが、思い返せば、その大変なときに夫は女と一緒にいたわけです。これはサレ妻脱却した現在でも、ちょっと怒っているほど鬼化しました！

このように、**「あのときもこうだった」**がどんどん出てくるのが**「半年」**です。

傷に傷を重ね、うずたかく積み上げてしまう精神状態。こんなとき、行動を起こそうとしてはいけないのです。

寝ないと思考が「マイナス思考」

クライアントの皆さんのお話を聞くと、寝られない人が本当に多いです。でも、心の安定を取り戻すには寝ないとダメ。睡眠不足が続くと精神状態に悪影響が及び、抑うつ傾向になるという研究結果もあります。

私自身もそうですが、午前中は頭脳にエネルギーが満ちていて、作業効率が高いといいますよね。考え方の面でも同じで、**朝のほうがプラス思考になります。**

脳は自分の意思に関係なく、常に考えを巡らせていますが、夜になると疲労がたまって思考が鈍化します。

ところがサレ妻たちは思考の堂々巡りをやめられません。夜の脳は一日を過ごして疲れているので**マイナス思考モード。ますますイヤなことを考えてしまい、眠れなくなってしまうのです。**

眠れなくて苦しんでいるクライアントには、朝の時間を徹底的に変えるようアドバイスします。

早起きをして、朝、散歩すること。そのためには夜、早く寝なければいけません。最初はなかなか寝られないのですが、朝早く起きる習慣がつくと夜には必ず眠くなり、スムーズに入眠できるようになります。

朝の散歩といっても、ウォーキングほど頑張らなくてＯＫ。私の経験則では15分がベストです。やりすぎると疲れ、その日の家事や仕事に影響しますから。

近所に神社仏閣があれば、朝のすがすがしい空気を思う存分に味わいながら手を合わせるのもいいですね。そのとき、「あの女に不幸が訪れますように」なんて祈ってはダメですよ（笑）。

私も毎朝、近くの神社の周りを15分かけて1周するのですが、神殿に手を合わせて、「家族が生活できるのは神様のお恵みあってこそ。これからも夫と私と娘の3人で頑張っていきますので、どうぞお見守りください」と唱えています。

人間、苦境に立たされたときこそ感謝の心が大事になると思います。

今はとても無理かもしれませんが、やがては夫への感謝の気持ちも思い出せるといいですね。

イヤなことでも頑張る

たとえば家事も、イヤならやらなくて結構です。不倫発覚後の半年間は、とにかく自分を癒やしてください。

私がそう言うと、

「そうはいっても料理しなければ子どもがひもじい思いをするし、洗濯しなければ着るものがなくなるし、掃除しないと部屋はゴミだらけ。私、汚いのが嫌いで」

とクライアントさんに言われるのですが、ならば家事代行業者を頼んでください。家事が滞るのがイヤならお金で解決。

半年間は、そこまでしても自分を整えることが大事なのです。そうしないと共同生活をしている夫に、「私ばっかり家事してて家政婦みたい」なんて嫌みを言うことになり、さらに夫婦関係がまずくなるだけです。

私自身、潔癖症で毎日掃除機をかけないと気持ち悪くてしょうがないタイプです。サレ妻だったとき、家事はとてもつらかったけれど潔癖症なのは変わらず、荒れていく家の中が耐えられませんでした。そのとき考えたのです。当時、家事を何もしなかった不倫夫と、どうしたらブチ切れずに暮らせるかと。

わかったのは、**イヤイヤ家事をすると自分が犠牲者になってしまうことです**。自分がかわいそうな女に思えてもっと家事がイヤになるし、鬼化して夫への態度も夫婦関係も最悪になる……。

そこで私がどうしたかというと、「私が掃除したいからする」と思考を変えました。私が心地よくいたいから部屋に掃除機をかける、快適なトイレタイムを過ごしたいからトイレ掃除をする、と意識を変えたのです。どうしても家事がイヤなときは業者に頼めばいいということにしました。

他人の思考は変えられませんが、自分が物事をどう捉えるかは自分で変えられます。要するに、「ものは考えよう」。こうした意識改革のもとに家事を済ませ、清潔な居心地のいい部屋でコーヒーを飲んだとき、自分がものすごく成長したことを実感しました。夫の不倫なんて最悪ですけれど、得るものはちゃんとあったのです。

パンやお菓子をストレス食い

意外に思われるかもしれませんが、パンやパスタ、うどんといった小麦粉からできているものを食べないようにすると、よけいな不安感を抱きにくくなり、気持ちが安定します。

私はもともとパンが大好きで毎日1食は食べていて、ストレスがたまるとパン屋さんに行って好きなパンを買い込み、ドカ食いしていました。とくに昔、夫が不倫していた時代はパンが恋しくてならず、いま思えば小麦中毒だったかもしれません。

「グルテンフリー」という食事法をご存じの方も多いでしょう。以前、世界的に有名なテニスプレイヤーのジョコビッチ選手が実践して広く知られるようになったもので、パン、パスタ、ケーキ、クッキー、うどん、ラーメンといった小麦からできている食品を避ける食べ方です。

小麦に含まれるたんぱく質が水分を含むと粘り気の強いグルテンとなり、これが腸を傷つけるという説があります。

〝脳腸相関〟といわれるように、腸と脳の働きは密接な関係性があるため、**小麦をやめて腸の調子が整うと脳も健康になり、思考が健全化すると言われているのです。**

サレ妻たちに聞くと、皆さんパンやパスタが大好きだとおっしゃいます。昔の私と一緒ですね。皆さんには、まず3カ月、小麦からできている食品を食べるのをやめてみて、とお伝えしています。

最初はすごくつらいんですよ。パンの夢を見るぐらい(笑)。でも、3カ月を乗り越えると、小麦食品をまったく食べたくなくなっている自分に気がつきます。

人体の細胞は3カ月で入れ替わるといわれており、それに伴って思考も変わるというのが最大のメリットです。

私自身もクライアントも実感しているのが、被害妄想が少なくなり、自己肯定感が上がること。その結果、自分を責めることがなくなり、気持ちが安定します。ぜひ試して、自分の変化に気づく経験をしてほしいと思います。

Part 2

どんな夫も「神夫」に変わる5つのステップ

この5つのステップで、夫婦関係は変えられる！

ここでご紹介する「神夫」とは、思いやりがあって妻にも子どもにも優しく、家事にも協力的な申し分のない夫のことです。

「はっ？　どこかの国のおとぎ話？」と思った方、ハイ、お気持ちわかります（笑）。

かつては私の夫も家族に無関心で7年も不倫を続け、家のことは何もせず、私にも子どもにも優しい言葉ひとつかけないダメ夫でした。ところが、今はどこに出しても恥ずかしくないピッカピカの神夫に進化し、その進化形を維持しています。

私がどうやって彼を神夫にしたかというと、手段はごくシンプル。夫への言葉と行動でした。決して力ワザではなく、神夫というゴールに導くために5つのステップを設定し、日々の生活で無理なく実践していく方法です。

私のところには、「俺は外で働いて稼いでるんだから」が口グセで家では何もせず、否定的な言葉を家族に浴びせまくる亭主関白、おまけに何年も不倫しているといったダメ夫に嘆いている妻たちがたくさんご相談にみえますが、そういう方たちにこの5ステップを実践してもらったところ、

「ダメ出ししかしなかった夫が家族をほめるようになった」
「夫を怖がって寄り付かなかった子どもたちが、夫に悩みを相談するようになった」
「一緒に買い物に行って重い荷物を持ってくれるようになって、まさか！　って感じ」
「いくら問いただしてもずっとはぐらかしていた不倫を夫が認め、相手と別れるにはどうしたらいいかと相談してくれた」

など、本当にたくさんの喜びの声をいただいています。

「ついこの間までダメ夫代表だった夫がこんなに変わるなんて！」と、ご自身でもちょっと信じられないほど夫婦関係がよくなったとおっしゃる方がたくさんおられるのです。

ダメ夫を神夫にする私オリジナルの5ステップは、私が独身時代に営業主任としてトップセールスを4年ほど続けていたときに実践していたテクニックが基本になっています。

それは**「購買意欲の8段階」**です。
お客様が商品を購入するときは、①商品に注目し、②興味を抱き、③使ってみたらどうなるかなと想像し、④欲しいと思い、⑤他にもいいものがあるかと比較し、⑥目の前の商品と商品をすすめてくれる人を信頼し、⑦買うという行動に踏み切り、⑧購入したことに満足する、という心理的ステップを踏みます。これを「購買意欲の8段階」と呼びます。

さらに言うと、私が心がけていたのは、この8段階のあとで、商品を販売した私にお客様が感謝してくださるような売り方をすることでした。

販売した私がお客様に感謝するのは当然ですが、お客様が私に感謝の気持ちを抱いてくださることが大事なのです。そうなれば末永くおつき合いができ、お客様も私も幸せになれます。

ダメ夫との関係改善にも、これと似たところがあります。

夫のすさんだ気持ちを動かすには適切な段階を踏む必要があり、**最終的にお互い感謝し合える関係をつくり上げることができてこそ、生涯にわたって寄り添える夫婦になり、幸**

せをつかめるのです。

どなたにも負担なく実践していただけるよう、私のメソッドは5ステップとしました。

難しいテクニックは何もありません。まずは初めの一歩、ステップ1へ踏み出してみましょう！

“幸せな関係に導く”5ステップ

①注意　夫の関心を家族や妻に向けさせる

②想像　夫に「家族が大切だ」とイメージしてもらう

③比較　夫に「いい自分」と「悪い自分」を比較させる

④行動　夫に“気持ちよく”自ら動いてもらう

⑤満足　お互い感謝し合える夫婦関係に

ステップ1

困った夫に注意と興味を向けさせる 土壌をつくる

①注意 家族や妻に関心を持ってもらう方法

ステップ1の目的

自分自身にしか関心がない夫の目を、家族に向けさせることから始めます。

ダメ夫は、子どもが楽しく学校に通えているか、いま何に夢中になっているかなんて知ろうともしないし、たとえ子どもが受験生だとしてもまったく興味ナシ。私たち妻が身を粉にして受験対策していても、、です。まあ、そもそも妻が何を考えているかなんて、ダメ夫にとっては心底どうでもいいわけなので（怒）。

人間、頭の中で意識していないことは見えていないも同じです。ダメ夫の視界には家族の姿がないので、文句を言おうが、責めようが脅そうが、響くわけがないんです。

だから**最初にすべきは夫の注意と興味のフォーカスを家族に持ってくること**。いかに自分が家族のことに関わっていないかを実感させられるとなおいいですね。それが神夫という果実を実らせるための大切な土壌となります。

夫に興味を持って観察する

「お前が何をしたって興味ないから、何も言わなくていい」

ハイ、ひどいですね！　うちの夫がダメ夫だった頃、実際に私が言われたセリフです。皆さんもダメ夫には相当なことを言われてきたと思いますが、今の目的は夫の目をあなたや子どもに向けることです。ブチ切れている場合ではありません。

私はクライアントさんに必ず、「あなたに興味を持ってほしいなら、まず、あなたが夫に興味を持ってください」とお伝えします。

私に興味を持ってくれ〜と求めるだけのクレクレ星人な妻たちが多いんですが、あなたが夫に興味ナシなのに、夫には自分に関心を持ってほしいというのは虫がよすぎます。

仕事から帰宅した夫は何時にお風呂に入り、夕飯を食べるか。いつスマホを見て、ボーッとしているか。いつゲームを楽しみ、新聞や雑誌を読んでいるか。さっそく今日から興味を持って観察してみてください。おのずと、話を聞いてくれそうなタイミングが見えてきます。

うちの夫の場合ですが、娘が小学生のころ、夫は夕飯後ソファに寝転んで、スマホを見るのが定番でした。そのそばで私と娘はテレビ画面でマリオカートをやっていて。私たちがキャッキャとはしゃぐので夫がチラチラ見てくるのがわかります。

そこですかさず、「パパ、どのキャラクターが一番強いのかなぁ？」と夫に振ったら、スマホで調べてくれるようになったんですよ。夫はマリオカート自体はしないんですが、共通の話題ができました。

娘も楽しそうにしているし、人間、楽しいところにいたくなるものなので、夕食後に家族3人でワイワイ会話する習慣ができたんですね。

その他にも、私は『週刊少年ジャンプ』が好きで30年来の愛読者なんですけれども、夫もジャンプ好きなんですね。ただ正直、夫がどの作品を読んでいるかに興味はありませんでした。

でも、こちらに目を向けてもらう作戦として「どの作品が好き？」「どんなところが面白いの？」と聞いて語らせ、「そうなんだ〜。あなたならではのすごい目の付け所だね！」

とほめました。

一見、小さなことでも承認欲求が満たされるのって大きくて、夫の機嫌がよくなるのが手に取るようにわかります。それからは毎週、好きな作品について話すようになりましたよ。私が質問して夫の話を引き出すと、寡黙な夫も会話をするようになり、逆に私に質問してまた会話になり、言葉のキャッチボールができるようになりました。このように、何かしてもらうとお返しをしたくなる心の動きを、心理学では「返報性の原理」といいます。夫がリラックスしていて聞く耳を持ちそうなタイミングで話しかけてくださいね。何かに集中しているときだと、無視されるか生返事が返ってくるだけなので！

家事への関心＝家族への関心

私たち妻が日々ワンオペでやっている家事に夫を参加させることは、夫の目線を家族に向けるための足掛かりになります。

家事は妻の役目だと思い込んでいる夫は本当に多いです。というか、家事をやってもらっていることにさえまったく気がついていない男性がほとんどと言ってもいい。自動的に部屋が清潔になり、テーブルに食事が並び、引き出しには洗濯されたパンツが整列していると思っているんですね（笑）。

そんな夫を家事に参加させるには、分担制を強調するのが効果的です。

ある年末に、私が1週間ほど実家に戻らなければならなかったことがありました。大掃除の時期ですが、「家じゅう掃除しといてね」なんて言っても夫はやるわけない（笑）。だから、「窓拭きとトイレ掃除、あなたの部屋の掃除機かけと、あとは換気扇だけ掃除しておいてくれたらうれしいわ〜。あとは帰ってきたら私が掃除するからね」と言って、そのタスクを大きめの紙に油性ペンで書いてリビングの壁に貼って出かけたんです。換気扇掃除用の重曹も見えるところに用意して。帰宅したら、頼んだところはピッカピカ。思わず「うわぁ！　ありがとう！」と大絶賛しました。

「なんで家のことを何もしてくれないの？」と皆さん怒るんですが、できるようにしつけないからできないんですよ。

男性は「自分は家事をやっていない」という感情さえないので、何をどうやったらいいか教えて、うまくできたらほめてあげないとわからないし、やる気にならないんですよね。

洗濯なら「干してある洗濯物を取り込んでね」と頼み、すかさず「取り込んでもらえてすごく助かったわ」と感謝からスタート、料理ならレタスをちぎってトマトを切って載せるだけのサラダをつくってもらい、「美味しいわ～」とほめるところからスタートです。

家事を頼むのもほめるのも手間ですが、男性って自分の役割や陣地を決めてあげて、結果を認めてあげると、ちゃんとやってくれます。

そして家事に参加するなかで、妻が毎日していることに少しずつ興味を持つようになりますから、多少面倒でも、お釣りが来ますよ。

話を聞く態勢になる「結論ファースト」法

たいていの男性は仕事と自分のことで精いっぱいで、ほかのことが見えていません。夫の関心を家族に向けたければ、まず夫に話を聞く態勢になってもらわなければなりませんが、そもそもダメ夫は妻の話を聞かないものです。

では、どうするか。**夫と会話するときは「結論から」話すようにしてください。**

女性は説明しながら話す傾向があるので長話になりやすく、男性は「結局、何が言いたいんだ？」とイラつきます。

「いつも話がムダに長いんだよな」と何度も思わされるうちに、夫は妻の話を聞かなくなってしまうのです。

たとえば、夫に相談したいとき、私がまず言うのは、「ねぇ、どう思う？」です。

唐突ですが、相談なのでこれが結論なんです。夫は反射的に「何が？」と聞いてくるので、スムーズに本題にシフトできます。

結論の次は相談の詳細と、自分はこうしたいという意見を言って、夫の意向を聞きます。

「子どもの入学金と親戚の結婚披露宴と車検で、同時期に出費がかさんでお金が足りないの。定期預金は崩したくないし、お義母さんにちょっとだけお金を借りられたらなと思うんだけど、お義母さん、イヤな気持ちになるかなぁ。どうしたらいいと思う？」

自分の意見を言わずに、「子どもの入学ですごくお金かかるし、この前の披露宴は遠方だったからご祝儀とあわせて結構かかったし、車検だってホント高いし……」などとウダウダ言うと、夫は延々と愚痴《ぐち》をこぼされている気分になり、「何が言いたいんだ、コイツは！」と機嫌が悪くなります。

勢いで、「何でそうなったのか理由を説明しろよ！」などと怒り出したりもするので、

夫には「結論から話す」と伝わりやすい

最終的な決断は夫にゆだねるとしても、あなたの意見は必ず言うようにしましょう。

結論↓詳細（または理由）↓意見↓「あなたはどう思う？」

この話し方なら、夫はあなたの話をきちんと聞く耳を持つはずです。

日常生活の小さな相談をする

男性は相談されるのが大好きです。だから、家庭内のどんなに小さなことでも夫に相談することをおすすめします。

私たち妻は、夫にしてほしいことが叶《かな》わなかったり、夫に何か言っても否定されたりして、結婚生活のなかで諦めてきたことが多いですよね？

とはいえ、**「もう夫には何を言ってもムダ」と結論付けてしまうと夫婦関係は冷える一方です。**ここは私たちが大人になって、何事も夫を頼り、相談するようにしましょう。

私がサレ妻を卒業すべく頑張っていた時代によくやっていたのは、その日の夕飯のメニューについて相談することです。

当時は夕方にスーパーに買い物に行っていたので、そのとき、夫に「今日の夕飯、お肉とお魚どっちがいい？」と聞くようにしていました。

「お肉」と答えたら、「じゃあ、煮る、焼く、揚げる、だったら、どれがいい？」と調理の仕方を聞き、夫が「『焼く』かな」と答えたら、「わかった。じゃあ、今日はそうするね♪」と笑顔で言い、豚肉の生姜《しょうが》焼きなどをつくるわけです。

たかが献立決めと思うなかれ。こういう小さなことでも常に頼られていると、男性のなかに「この家には俺がいないとダメだ」という意識が芽生えるのです。

気をつけたいのは、「今日の夕飯、何がいい？」と丸投げ質問しないことです。男性は頼られるのが好きですが、面倒くさいことは大嫌いなので、「何でもいい」「美味しいもの」などと、聞かなきゃよかったと思うような答えが返ってくるだけです。

ちょっと専門的になりますが、「お肉とお魚どっちがいい？」のように選択肢があったり、イエスかノーで答えられたりする質問を「クローズドクエスチョン」といいます。答えの選択肢が2つ、または3つしかないので、聞かれたほうは答えやすくラクですよね。

これに対して、「今日の夕飯、何がいい？」と答えをイチから考えさせるような質問を「オープンクエスチョン」といいます。答えの選択肢がたくさんあり、面倒くさいことが大っ嫌いな夫は、「なんでもいい」と質問に答える可能性が低くなってしまうのです。

夫に相談するときは、簡単に答えられるクローズドクエスチョンで質問すると、面倒がらずにあなたの話を聞き、対応してくれます。

息子さんの遅刻グセに困っていた、とあるクライアントさんのお話です。「あの子、遅刻がすごく多いんだけど、どうしたらいいと思う?」と夫に相談したところ、「そんなの力ずくでやれよ」「アイツの面倒見てるの、お前だろ? 俺にはわかんないよ」と返されてしまったそうなんですね。

夫が親身になってくれなかったのは、やはり答えを自分で考えるのが面倒なオープンクエスチョンで相談したからです。

ここは選択肢を与えるクローズドクエスチョンで、「あんなに体の大きな息子を私が力ずくで起こすのと、最初は私が頑張って起こして、起きなかったらあなたに選手交代するのと、どっちが効果あると思う?」と聞くのがいいですね。

さらに進めて、「私が最初に頑張って起こすけど、3回言って起きなかったら、あなた、あの子の部屋に行ってくれる? 私、その間に朝ごはんの支度するね」と役割分担を明示

オープンクエスチョンの特徴	クローズドクエスチョンの特徴
●答えの選択がたくさんある	●答えの選択が2択または3択なので答えやすい
●仲がよい関係のときに効果的	●夫との会話がないときには効果的
●話を広げられる効果	●多用しすぎは尋問になるので注意

するのもいい方法です。男性は役割が決まると、「役に立ってる俺」を貫き通したくなるので、責任感のもとに任務を遂行《すいこう》してくれますよ。

妻が「私も頑張ってるけど到底無理だから、あなたに頼みたいの」という姿勢を見せることも大切です。

男性はヒーロー気質なので、「最後に俺が出て行く」みたいなのがうれしいんですよね。また、男性心理には「アンダードッグ（負け犬）効果」というものが存在していて、弱くて哀れなものを救いたい本能があるのです。

ちょっとした家の中の用事を夫に頼るのも、家族を支える自分を意識してもらうのに効果的です。

たとえば電球の交換。踏み台を持ってくれば自分でできるとしても、夫に頼むんです。「私、150㎝しかないから手が届かないし（事実です）、踏み台から落ちて骨折って再起不能になったら美味しいご飯つくれなくなるし」と大げさに（笑）。夫は「そんなことあるわけないやろ」と言いながらもやってくれます。

要は、**「あなたにしかできないこと」**だと強調するのです。

エアコンのフィルター掃除もこの頼み方で夫にやってもらっています。フィルターの外し方、掃除機でまずホコリを吸うこと、水洗いして干し、元通りに設置することまでをきちんと説明するのは、案外わかっていない夫のためにマストです。

そのときのお願いの仕方ですが、**指示・指令は避けてください。私のオススメの伝え方は「ネットで調べたら○○って書いてあったの、○○するといいみたいだから、お願いできる？」**です。

そして、「そこまでやっといてもらったら、すっごくうれしい！」と喜びの感情を付け加えるのが大事。

無事にやってくれたら、「ホントに助かったわ〜！　どうもありがとう♡」と、過剰なぐらいお礼を言いましょう。

「5W1H」で夫の話を盛り立てる

人は自分の話をすると、話した相手に好意を抱きます。夫が不倫に陥るのも、相手の女性が一生懸命に話を聞いてくれたことがきっかけになる場合が多いんですよ！　ぜひとも夫が話をしたくなる妻になりましょう。

「そうはいっても夫との会話は弾《はず》まなくて」と嘆くあなた。**楽しい会話のコツはイイ感じの合いの手、つまり適切な質問です。**

何を聞いていいかわからないなら、「5W1H」に当てはめて質問してみてください。「いつ」「どこで」「誰が」「何を」「どのように」です。

たとえば、「阪神が勝って、めっちゃうれしい！」と夫が言ったら、「昨日の試合で？」「球場どこだった？」とか、「誰が一番活躍したの？」「どういう場面で？」「勝率どのくらい？」など、5W1Hに当てはめると、質問が次から次へとわいてくるんですね。

自分の好きなことを話す夫はゴキゲン。会話はどんどんつながっていきます。

ステップ1のポイント

夫が鬼化する「傾聴」

相手の話に関心を抱き、真摯《しんし》に聴くことを「傾聴」といいます。

傾聴はいろいろ技術がありますが、簡単にいうと夫の意見に共感をして理解を示し、夫の意見を否定せずに理由を聞くことです。

夫の話に「うんうん」とうなずいてみたり、「それからどうしたの?」と夫の話に興味を持って話を引き出す質問をしていき、「あなたはそう思ったのね」と否定せずに肯定的な関心を持つことで、夫は安心して話をすることができるようになります。

あなたや子どもたちに夫の気持ちを向けてもらいたいなら、夫の話をきちんと聴く姿勢が大事です。

ところが話を聴いている妻が、無意識のうちに夫の神経を逆撫《さかな》でしてしまうケースがあります。

これでは話を聴けば聴くほど逆効果。夫が鬼化する地雷ポイントを知っておきましょう。

①自分の意見や感想が長い

夫の話を聴くときは自分の話を極力せず、聴くことに徹しましょう。女性は自分のことをわかってもらいたい生き物なのでどうしても話が長くなるんですが、そうなると傾聴ではなくなってしまいます。

夫が気分よく喋っているときは、妻の話はゼロが一番理想的ですが、せめて「夫7：妻は多くても3」を心がけてください。

②論点がずれたことを言う

たとえば夫が旅行の話をしているのに子どもの学費の話をし始める、なんていうのは鬼化の原因になります。話を聴いていないも同然だからです。

「そんなにお金がかかるんだったら、あの支払いにあてられる」なんて言ったら、夫は心底あきれ、心がすっかり離れてしまうでしょう。

③否定や反論をする

「それは違うよ」と思わず言いたくなる夫の発言、時にはあるかもしれません。その際も、「あっ、そうなんだ。あなたはそう思ったんだね」といったん受け止めてください。

そして夫の気持ちが落ち着いた感じになってから、「私はこう思うよ」と話し始めます。**夫を否定せず、穏やかに意見を言うのです。**

夫があなたの意見を聞いてくれるようなら、さらに「それって、こうなった場合どうしたらいいかな？」と質問して、考えが足りない部分に、夫自ら気づいてもらうように促すのもいいと思います。

④夫が考えている時間や沈黙を我慢できない

私たち女性は喋りながら考え、考えながら喋ることが普通にできますが、多くの男性には会話中でも立ち止まって考える習性があります。相手の言葉を自分の思考や価値観で整理する時間が必要なんですね。だから、会話中に言葉が途切れたり、沈黙状態になったりするわけです。

ところが、**女性はその沈黙の時間を耐えるのが超ニガテ。**何か喋らなきゃ、このすき間を埋めなきゃ、みたいな強迫観念があります。

沈黙されると、不安や「無視されてるんじゃないか」という疎外感を抱いてしまうんです。そのあげく、「ねえ！　黙ってないで何か言ってよ！」などと夫に詰め寄り、せっかく考えてくれている夫を鬼化させるんですね。

でもね、ただ考えているだけなんですよ、男性って。女性は焦る必要ないんです。

私はいつもクライアントさんに**「夫が沈黙したら、せめて脳内で60秒カウントして」**とお伝えしています。

数をかぞえたら意識がそちらに向かうので、いらない不安を生み出さずに済みます。

⑤アドバイスする

男性は優位に立ちたい生き物です。一見おとなしい性格の人でも、もれなくそうです。だから妻にアドバイスなんか求めていないんです。

自分のアドバイスを認められたい願望はありますが、人から、とくに妻からのアドバイスなど欲しくないので、むやみにしゃしゃり出れば反感を買います。

もちろん、意見を求められたときに述べるのはＯＫ。その際も、「だから、あなたはダメなのよ」などと否定しないことが大切です。

ステップ
2

困った夫に想像をさせる 種をまく

②想像 幸せな未来図をイメージしてもらうには？

ステップ2の目的

ステップ1を実践することで、夫があなたや子どもたちに関心と興味を持つようになったら土壌づくりはＯＫ。次にやるべきは神夫に変えるための種まき。夫に「想像」をさせることです。

自分のことで精いっぱいな夫に思い浮かべてもらいましょう。家族、家庭とは夫にとって何なのか。かわいい子どもはいつまで親と一緒にいてくれるのか。夫自身は現状のままでいいのか。変わる必要があるなら、どう変われば家族みんなで幸せになれるのか――過去・現在・未来にわたって、夫自身と家族との関係、将来の家族の姿を想像してもらいます。

このステップで重要なのは、妻がさりげなく会話の場を支配する習慣をつけることです。

夫に「俺、変わらないといけないいな」と思わせたらステップ2は成功です。

「家族が大切だ」と想像させるために

過去から学ぶのが得意で、未来に降りかかる危機を回避する能力にも長《た》けた私たち女性と違い、男性は「今、この時」しか見ていません。

そして、人生というステージでスポットライトが当たっているのは常に「俺」なので、妻や子どもが何を考えているかを想像するなんてことは、残念ながら、まずないんですね。

家族を大切にする優しい神夫に変えるためには、想像し、実感してもらうことが不可欠です。

夫が気に留めていないだけで、ステージ全体に照明を当てれば、主役の「俺」の周りには妻も子どももいる。それがどんなに幸せか自覚させるのです。

このとき効果的なのが「第三者話法」という話し方です。これは私が営業職でトップセールスを4年ほど連続で記録していた頃に実践していた、お客様からの信頼を得られる話し方です。

お客様に商品を買っていただこうとするとき、売る側が、「いい商品なんですよ～」「他店と比べてお安くしてます」とセールストークをしても、お客様はそんなに食いついてくれません。

ところが、「購入してくださった5000人のお客様がこの商品をいいとおっしゃってリピーターになっているんです」「ほかのお店の価格はいくらぐらいでしたか？　とお客様にお聞きしたら、当社の商品の倍の値段だった、お宅は安いねって皆さんおっしゃるんですよ」と言うと、「買った人がそう言うなら間違いないな」と思ってもらえます。商品の良さを信頼し、お得に買えてうれしいと満足して購入してくださるのです。

ポイントは「話をしている人以外の第三者がいいと言っていた」と伝えることです。

この営業技術、夫との会話にも役立ちます。私自身の実例をご紹介しますね。当時、小学生の娘が夫のいいところを話していたと夫に言ったときのことです。

「あの子がね、パパの背中が大きいところが大好きだって言ってたんだよね～」

実際は「パパって背が高いよね」と言っただけなんですが、そこは夫の心を動かすためにちょっぴりエモさを盛りました（笑）。

するると、どうでしょう。その時期、夫は不倫にハマるダメ夫でしたが、「えっ、アイツがそんなこと言ったの？」と、にやける顔を止められない様子に。

でも、ここで終わらせたらもったいない。

「娘はパパの背中が好き」を現実化するために私は、夫が寝転がってスマホを見ているとき、「この背中はママのもの〜♡」と夫の背中に抱きつきました。すると、娘が「ダメ〜！私のなんだから〜」と割って入ってきます。「じゃあ、背中広いからママと半分こしよ♪」なんて、わちゃわちゃやっていたら、夫がすごーくうれしそうにしていましたよ。

男性は私たち女性より手足が大きいとか、体格が上だったりしますよね？　男性ならではの特徴を、小さな娘がほめる感じにしてあげることで、家族を支えているのは自分だという自覚につなぐことができるんです。

そのほか、夫は私より9歳年下なので、「娘の友達がパパのこと、若くてカッコいいねって言ってたよ」と言ったこともありました。

そりゃぁ喜びましたよ（笑）。「妻といると自分に自信が持てる」と感じれば、夫にとって家庭はなくてはならない場所になります。

人は想像できないと心が動かない

人はストーリー性のある話を聞くと、とても親近感を持ち、その話にのめり込む習性があります。

何かを買うとき、その商品の誕生秘話や、開発者が挫折しながらもどれだけ頑張って商品化したかといったストーリーを知ると、頭の中で想像が膨らんで買いたい気持ちが増しませんか？

同様に、家庭に関心が薄い夫にはストーリー性を持たせて家族の話をし、あなたや子どものことを想像させることが大事なんです。とくにお願い事を聞いてもらいたいときには効果的です。

夫が家庭を顧みなかったある冬のことでした。家族でスキーに行けたら家族の思い出になるなと思い、夫に話してみることにしました。

ただ「スキーに行こうよ」と言っても夫は動かないと予想した私は、ストーリー性満点に、脳内に映像が広がるように話したんです。

まずは「家族でスキーに行こうと思ってるんだけど」と結論から始めます。次に理由を。

「都会に住んでたら、子どもって一面の銀世界を見ることないじゃない？」

ここで夫の脳内に雪景色が浮かびます。もう少し押しましょう。

「私、九州の生まれで、高校の修学旅行で志賀高原に行って、雪山見てすっごく感動したんだよね。あの感動を娘にも味わわせたいと思ってるんだ〜」

娘の気持ちを思い浮かべ、夫が乗り気になってきたのがわかります。

雪景色の素晴らしさに喜ぶ娘を想像させたところで、別方向からの想像をさせます。「私、ボーゲンしかできないから、私一人であの子連れて行ったら大ケガさせちゃうかも。パパにも行ってもらって、スノボも教えてもらえたら、あの子すごく喜ぶと思うんだよね」と。

夫はケガをした娘を想像し、「俺が行かなきゃいけないな」と思ってくれたようです。

最後に質問をします。

「あなた、どう思う？　私一人で行けると思う？」

「何月ぐらいなら行けそうかな？」

夫はその場でスケジュールを確認してくれて、具体的なプランを立てることができました。

コツは、「あなたがいないとダメ」ということを、夫の頭の中に映像を浮かばせながら伝えることです。

私たち女性っていつも脳内で動画を流すように想像の翼を広げていますよね。その映像を言語化して夫に伝え、リアルに想像させたうえで行動を促してください。

あらかじめ具体的に想像できていれば夫も納得ずくで動けるので、後から不満が出ることもありません。

夫の脳にプラスのインプットをする

夫に不満や悲しみ、怒りを抱いていると、妻は会話中にマイナスな言葉を口にしがちになります。

もしも夫にマイナスな言葉を言ってしまった場合に心がけてほしいのは、そこで会話を終わらせないようにすることです。

なぜなら、脳には会話の最後の言葉を記憶する仕組みがあるから。うっかりマイナスの言葉を口にしたら、会話の最後に必ずプラスの言葉を言うようにしてくださいね。

たとえば夫婦ゲンカのとき。売り言葉に買い言葉で、「私、あなたのそういうところが大嫌い！」と言ってしまったとしましょう。そこで会話を終わらせたら、夫の脳内には「大嫌い！」だけが残ります。しばらくは口もきいてくれないかもしれません。

では、「大嫌い！」と言った後に、「だけど、私がこうやってあなたと一緒にいるのは、ホント悔しいんだけど、あなたのここが好きだからなんだよね」と言って会話を終わらせたらどうなるでしょうか？

夫は、「いろいろうるさいけど、何だかんだ言っても俺のことが好きなんだな。コイツ案外かわいいとこあるんだよな」と思うでしょう。つまり、最後に言った「好き」だけが夫の記憶に残るのです。

会話の最後は必ずプラスの言葉。ぜひ実践してくださいね。

夫をいい気分にさせつつイニシアチブは妻が握る。これが通常モードになると、夫のメンタルが安定してむやみにキレることもなくなり、格段にラクになりますよ！

夫婦の会話を支配する

夫との会話のイニシアチブを握るには、常に質問する側に徹することも効果的です。

質問をする人とされる人では、質問する人がパワーバランスを握るからです。夫婦関係をあなたが望むように修復したかったら、会話のパワーバランスを常に握っておかないと、現状ダメな状態の夫が今後の夫婦関係まで支配してしまうんですよ。

加えて、**会話の最後は必ずあなたの言葉で締めてください。**

先ほどもお伝えしましたが、会話の最後に言われたことは相手の頭の中に残ります。だから会話全体を支配するのは最後のセリフを言った人になるんです。

ケンカしたとき、捨てゼリフを残して去る人がいますが、あれは自分が優位に立つための行動なんですね。

たとえば、あなたが「おやすみ」と言って夫が「おやすみ」と応えたら、普通はそこで会話終了ですが、「寒いから、ちゃんとお布団かけてね」でも「いい夢見てね」でもいいので、とにかく最後はあなたの言葉で終わるようにしてください。

理想的なかたちは、会話の最後にあなたが質問し、あなたの言葉で会話を終わらせること。質問に夫が答えてくれれば、「そうなのね、ありがとう」と応えます。

では、答えてくれなかったら？　それでも全然構わないんです。なぜなら、質問されると脳はおのずとその答えを探すから。夫の脳内であなたの質問がエンドレスにリピートされ、どう答えるかを想像させることになるので、会話のパワーバランスはあなたが握ったことになります。

神夫へと導く会話の進め方

では、困った夫との会話で、どうパワーバランスを握り、夫に想像をさせて神夫に導くか、具体例をご紹介しましょう。

たとえば家族に無関心なダメ夫を改心させるなら、このような話の進め方をしてみてください。

夫「俺は毎日、お前たちのために働いてるんだ。休みの日に仲間とゴルフに行くぐらいでガタガタ言わないで自由にさせろよ。子どものことはお前に任せるよ」
妻「そうよね。ストレス解消は大事だよね」
夫「わかってんなら文句言うなよ」
妻「いつも頑張ってくれてるんだもん、ストレス解消が大事なのはよーくわかってるよ。いまね、毎週末にゴルフ行ってるから月4日、5週ある月なら5日のこともあるよね？　もしできたらでいいんだけど、そのうちの1日だけでいいから家族に時間をくれないかなぁ？　春休みにパパがキャンプに連れていってくれたとき、子どもたち、ものすごく喜んでたじゃない？」
夫「えーっ？　じゃあ5週ある月の1日だけならいいよ」
妻「ホント？　うれしい！　どうもありがとう？」

いきなり「月に3回ぐらいは週末にどこか連れてってよ」と言ったら拒否反応を示すに決まっています。負担が多いことをやらされるという意識にさせてしまうと、絶対に夫は動いてくれないので、ねぎらいつつ「5週ある月なら1日ぐらい、いいか」という想像にうまく誘導するのがベター。

人間ってホント、無理やり変えさせられることを嫌うんです。「パパとのキャンプで喜んでいた子どもたち」の映像を思い浮かべさせているのも成功の秘訣です。

不倫にハマり中のダメ夫なら、今のまま不倫を続けるとどうなるかを想像させる言葉が功を奏します。

普段、実感はしていませんが、私たちは誰もが死に向かって生きています。明日死ぬかもしれないんです。誰にとっても時間は有限であること、そして子どもが親のそばにいてくれる時間なんてあっという間に過ぎるのだということを夫に想像させてください。不倫夫を改心させるために、どんな言葉をかけたらいいか、ご紹介しましょう。

◆「今のまま続けてたら、不倫っていうのはいつぐらいに終わるのかな。そのとき、子どもたちは何歳になってるかな。それまでの時間で失うものって、どれだけあるんだろうね」

◆「今の状態でいることで、本当はつくれるはずの家族の思い出を、どれだけつくれなくしてしまうのかな。その時間って後から取り戻せないんだよね。子どもたちの未来をどれだけかわいそうにしちゃうんだろう」

◆

「子どもの結婚披露宴で『こうやって育ってきました』っていう家族写真を出すとき、パパの写真がなかったらどう感じる？　その頃、子どもはパパの不在が当たり前になってたとしても、出席してくれた友だちに『お父さんの写真、なかったね』って言われたらどう思うかな」

◆

「相手の女性と、時間が経てば経つほど別れにくくなるよね。あなたが別れようって言ったとしても、私のこの何年間を返してよ、って言われたらどうするの？」

◆

「相手の女性があなたの会社に、あなたから被害を受けたと訴えたらどうする？　性的暴行されたとか。暴れたり自殺未遂でもされたら、会社にいられなくなるかも。生活していけなくなったら、子どもたちはどうなるかな」

――このなかから、あなたの夫に効きそうな言葉がけを選んでみてくださいね。

そのほか、不穏な行動をしている夫に言葉がけをするときは、**質問を超えて警察の取り調べ官みたいにならないよう気をつけることが大事です。**

たとえば夫がパチンコにハマってお小遣いを追加してくれと言ってきた場合、

「なんでお金がそんなになくなるの？　どうせまたパチンコに使ったんじゃないの？

この間の日曜日も何時間かいなかったし、パチンコしてたんでしょ？」

「私、わかってるんだからね。財布の中見たんだから。パチンコで負けたんだよね？」

と、「ネタは割れてるんだ、吐け！」とばかりに問い詰める「尋問」をやると、夫はかたくなになり、困った状況を白状しないので問題が大きくなってしまいます。ここは寛大なフリをして、なるべくおおらかに質問したほうが答えてくれます。

妻「どうしてお金がなくなっちゃったの？」
夫「いろいろつき合いがあってさ」
妻「友達？　それとも会社関係？」
夫「会社関係だよ」

妻「そうなんだ～。じゃあ、同僚の○○さんに聞いてみたらわかるかなぁ」
夫「えっ！　……ああ～、じつはさ、ちょっとパチンコで……」

同僚を妻が問いただす場面を想像させることで、話さないとマズいことになると思わせ、夫を追い詰めずに白状させていますね。このように言葉の選び方、会話の仕方で夫の想像を促し、夫婦の会話を先導していきましょう。

ステップ2のポイント

夫が鬼化する「想像」

「過ぎたことを今さら言ってもしょうがないだろう」

男性って、すぐこう言いませんか？

自分の過去の栄光に関してはいくらでも喋るのに、自分がしてきた都合の悪いことを突っ込まれると、「過去を振り返るなんてナンセンス」とばかりに、すぐ話を切り上げようとするんです。

ハイ、別に間違ってないんですよ。今この時を懸命に生きるのが大事なことぐらい私たちもわかっていますよ。でも、現在起きていることの原因の多くは過去にあるのに、男性って、そこを見ないフリするんですよね。

ステップ2では夫に「想像」をさせる会話をベースに、改心へ導く方法をご紹介してきましたが、やらかした過去を見たくない男性は、あまりにも過去の悪いイメージを想像させすぎるとキレて鬼化します。

いま小学生の子どもがいて、なかなかお友達ができずに悩んでいるとしましょう。そのとき、

「あの子が幼稚園の頃、あなたサーフィンにハマってて週末はいつもいなくて、あの子のことちっとも構ってくれなかったから寂しがってたよね。あれがきっかけで引っ込み思案になったんじゃないかしら」

なんて言ったら鬼化するのはほぼ確実。たとえ本当にそれが理由だったとしても、何の解決にもならない想像をさせるのは意味がありません。

うちの場合、夫が不倫していた頃に、

「保育園の先生に、『娘さんはお絵描きのときに黒いクレヨンしか使わないんですけど、何かあったんですか？』って聞かれたのよ。どう思う？」（事実です）と夫に言ったところ、不貞を働いている後ろめたさもあってか、相手の女性の家に入り浸って、ほとんど帰宅しなくなってしまったことがありました。「黒いクレヨンだけで描いた絵」の不穏なビジュアルも鮮明に浮かびすぎたんでしょうね。あのときの夫の顔には「怖い」と書いてありましたから……。

自分がいけないとわかっている問題に関し、罪悪感を上塗りするような悪いイメージを想像させすぎると、夫は逃げの一手に転じます。

過去に生きている私たち女性と違って、男性は今ここに生きているので、「昔のこと言われてもどうしようもないじゃん」という思考なんですよね。

うちの夫はよく逆ギレするんですよ。「今からが大切だろ！」と。私に言わせれば、「あなた、いつもそうやって問題が起きるたびに『過去のことはもうどうしようもない』って言ってるじゃない。でも、その『過去のこと』って、自分がしでかしたことなんだよ。同じこと何回繰り返すの？　いいかげん学習しなよ！」

なんですが、むろんこういう正論を夫に言うことはありません。


また、イエスかノーかで答えさせる「クローズドクエスチョン」で問い詰めるのも夫を鬼化させるので要注意です。不倫なら、

「あなた、浮気したよね？　したの？　してないの？」

という聞き方。「したよ」なんて絶対に言わないんですから、こういう聞き方をしても意味がありません。この場合は、

「あなた、ほかに女性がいるよね？　お住まいは○○あたりじゃないかな？」

と、それまでに得た相手の女性の情報があるなら少しだけ開示しつつ、答え方が自由な「オープンクエスチョン」で聞くほうが口を割らせやすいでしょう。

「なんでそう思うんだ？」と、夫が返してきたら、

「なぜ、私がそう質問すると思う？」

と、質問返しをしてくださいね。夫の質問に答えてしまうと、夫にパワーバランスを取られてしまいますから。


前にもパワーバランスについてお伝えしましたが、とくに**夫が不利な質問をすると**

きには、必ず質問する側にいると、その後の話をスムーズに進められます。

パワーバランスをとり、次にこんな質問をしてみてください。

「いまのまま不倫関係を続けてたら、別れにくくなるのではないかな？　そのとき、子どもたちは何歳になってるかな。……」

というように、「夫婦の会話を支配する」（94ページ）でご紹介した不倫夫への言葉がけをしていけば、夫を徐々に改心モードに変化させていくことができます。

ステップ3

困った夫に比較をさせる 発芽

③比較 どちらが心地いい？ どちらの自分が好き？

ステップ3の目的

人間は新しい行動をするとき、必ず「比較」という作業をします。あなたもそうではありませんか？

たとえば子どもの入学式用のスーツを買いに行ったとしましょう。あるショップで気に入ったものがあり、試着してサイズもいい感じ。店員さんも「お似合いですよ」と言ってくれている。でも、1店舗目で決めてしまっていいのかな、別のショップも見てから決めよう、となりますよね。

ダメ夫が神夫に変わるということは、夫がそれまでしてこなかった新しい行動をし、従来の行動も大きく変えることになりますから、夫に必ず比較検討をさせないといけません。

比較するのはしっくりいっていない現在と、これからやってくる未来です。妻、子どもとともに家族の幸せを実現するなら自分が変わらないといけない、いま変わらないとダメだ、という脳内イメージをしっかり持ってもらいましょう。

居心地が「いい場所」と「悪い場所」を比較する

男性って自分の居場所を求めるものです。ただ、ある程度、自宅にいる時間が長い女性の場合は〝居場所感覚〟が自然と生まれますが、ウィークデイは仕事で外に出ている男性の場合は居場所、すなわち定位置の感覚を家の中に得にくいんですよね。

仕事を終えて帰宅すれば、居心地のいい場所が欲しいのは当然です。夫婦関係に悩むクライアントさんに私がよくアドバイスするのは、状況的に可能なら夫の部屋を設けてください、ということです。

スペース的に難しければ、定位置だけでもセッティングしてくださいね、とお伝えしています。

一人掛けのソファでもいいし、小さなラグを敷いて何段階かにリクライニングできる座り心地のいい座椅子を置いてあげてもOK。外で戦ってきた夫がダラ〜ッとくつろげる場所を用意してほしいのです。

そしてそこはいつもキレイにしておく。テレビのリモコンやゲームのコントローラー、愛用の耳かきなどを小さなカゴにまとめて傍らに置いておくのもいいですね。

リビングにソファがあっても、夫が帰宅したら妻と子どもがそこを占領してテレビを見ているという状態だと、夫はどこにいていいかわからず、「なんか居心地の悪い家だなあ」と思うようになります。これ、しっくりいっていない夫婦仲をなおさら悪化させます!

夫の定位置を決めたら、少なくとも夫が帰宅する時間には誰かがそこにいるということがないようにしましょうね。

清潔で心地よく過ごせる場所があると、夫にとって家は「帰ってきたいところ」になります。

ただし、「あなたの居場所を、私、いつもこんなにキレイに整えてあげてるのよ」とアピールするのはやめておいたほうが無難。夫婦関係がギクシャクしている場合、夫が疲れて帰宅したときに欲しいのは美味しい夕食と子どもの笑顔、楽しい家族の話題だけで、妻の苦労話ではないんです。

だから、もしも夫が不倫していたとしても、「どっかの誰かの狭っ苦しい部屋より、うちのほうがずっと居心地がいいでしょ？」なんて比較の押し付けをするのはNG。

ここでご紹介するステップ3のテーマは「比較」ですが、**こと「居心地のよさ」については感覚の問題ですから、言葉で比較を迫らないことです。**夫が自然と「あー、うちが一番♪」と思うような居場所づくりに専念しましょう。

まったく女ってホントにエラいですよね。まあ、家族の幸せへの下ごしらえと考えれば、お安い御用といえるかな？　と思います。

「いい自分」と「ダメな自分」を比較する

ダメ夫に言いたいこと、山ほどありますよね？　なんなら徹夜でダメ出しできるかも（笑）。

でもね、皆さんよくよくおわかりだと思いますが、男性ってダメなところをストレートに指摘すると素直に認めないばかりか、絶対に反論が返ってきます。そのうえ、「どの口が言うんだよ！　お前だって〇〇じゃないか」なんて逆ギレされたり。

これはもう、男性はそういう生き物だと割り切って、私たち女性がワンランク上の大人になりましょう。耐え忍べと言っているわけじゃありませんよ。

夫に直してほしいところがあったら、言葉で直接的に言うのではなく、頭の中に比較イメージを浮かばせるのです。

例を挙げましょう。夫が感じの悪いことをしたとき、たとえば家族で遊園地に行こうと約束していた日に何の相談もなく飲み会の予定を入れてしまったとき、

「先月から予定してたじゃない。どうして約束守らないの？　子どもたちがかわいそう！」

と、言いたくなるのはやまやまですが、どストレートに言ってしまうと高確率で逆襲に遭い、鬼化した夫は改心もしないという状況に陥りがちです。では、どう言えばいいかというと、

「私、あなたが子どもたちにすごく優しくしてくれるところを尊敬してるんだ。あなたが子どもをかわいがってるところを見るのが本当に大好きなの。あの子たちもカレンダーに予定書き込んで、毎日見てたよ」

このようにいいところだけを言う＝いい夫というラベルを貼ってあげると、そのラベルを剥がしたくないと思うようになります。

つまり、夫はいい自分とダメな自分をおのずと比較し、ダメな自分になりたくないという心理状態になるんですね。

人は何かを得るためにも動きますが、**より一層行動力を発揮するのは、いま持っているもの失うかもしれないという恐怖にかられたときだからです。**

さらにいうと、男性はスーパーマン的に扱ってもらうのが大好き。スーパーマンのラベルを貼られると、スーパーな自分でいなければ！　と思うのです。

「あなたのここがダメ」と言わずに、相手の頭の中でダメな自分といい自分を比較させるテクニックを「サイレント比較」といいます。かつてダメ夫だった旦那を神夫に変えた私独自のメソッドです。

このサイレント比較、家事に協力してもらうときにも役立ちます。

以前は家のことを何もしませんでしたが、神夫になってからは協力してくれるようになった夫。ところが、彼の役割であるゴミ出しを1週間忘れたことがありました。

うちのゴミ置き場は家の外なので室内からは見えず、私はてっきり収集日に出してくれているものと思い込んでいたら、ため込んでいて。でもそこで、

「ちょっと何であんなにゴミがたまってるわけ？　あなたの役目じゃない、ちゃんとやってよ！」

と言ってしまっては、いくら自分の落ち度でも夫は面白くないですよね。そこで私はこう言いました。

「お向かいのママ友にさ、『お宅のパパ、いつもゴミ出ししてくれてすごいよね。うちなんていくら言ってもやってくれないのよ。超うらやましい』って言われちゃった。あなたがいろいろ家のことしてくれてホントありがたいわ。あれ？　今日は何のゴミの日だっけ」

夫はハッとしたようにゴミ置き場に直行、たまっていたゴミを集積所に出しに行ってくれました。私が心の中でガッツポーズをしたのは言うまでもありません（笑）。

「いい父親」と「悪い父親」を比較する

休日は家族サービスに全力投球という一部の夫を除き、たいていの夫はせっかくの休日

にはゆっくりしたいと思っています。けれど、私たち母親からすれば、せっかくの休日だからこそ子どもと遊んでほしい、子どもの勉強を見てほしいと思いますよね。もちろん、休息は必要ですが、家族にも心と時間を使ってほしいというのが本音です。

そんなときは、やはり夫に「サイレント比較」を促して、子どもが慕ういいお父さんになってもらいましょう。

ここでは、「子どもに嫌われて文句ばかり言われている父親」と「子どもから大好きだと思われ、何かにつけ頼りにされている父親」だったらどちらがいい？　という比較を促します。

小学生ぐらいの子どもだと、友達同士で「うちのお父さんはね……」と話すことが多いものです。そして友達と話した内容を「ねぇねぇ、聞いて」と母親であるあなたに言うでしょう。

うちの娘が小学生だった頃、仲良しのAちゃんから聞いたことを私に話してくれました。
「Aちゃんのパパって、休みの日はずっとゴロゴロしてて全然遊んでくれないんだって。だからAちゃん、パパのことが大っ嫌いなんだって」

当時の夫は娘とまったく遊ばないわけではありませんでしたが、間もなく中学受験準備が本格化する時期だったこともあり、もう少し娘との時間を増やしてほしいと思っていた私は、「この話、使える！」とひらめきました（笑）。さっそく夫に娘から聞いた内容を伝え、「Aちゃんはパパが大嫌いらしいんだけど、うちの子はあなたのこと大好きじゃない？それって何にも代えがたいことだし、幸せだなぁって思うの」

と言いました。夫は「ふーん」と言っただけでしたが、週半ば頃になると自分から娘に「今度の土曜日は、どこ行きたい？」と尋ねてくれるようになったんですよ。

その後、中学受験のための塾に通い始めた娘。入塾テストの偏差値は衝撃の38でした（汗）。とにかく勉強嫌い、外で遊んでばかりいた娘だったので、「もう塾なんてイヤ。毎日お外で遊びたい」と何度泣かれたことか。

私が話すとつい感情的になってしまうので、ここは娘との仲が盤石になっている夫から言ってもらうことにしました。

「中学受験して大学附属の学校に入れば、受験1回だけで大学まで行けるよ。パパは公立の中学に行って楽しかったけど高校受験しなきゃならなかった。高校に行ったら行ったで、2年生からは大学受験の準備だよ。友達と遊びに行ったり、部活を思いっきりやったりできる時期にパパはいつも受験のことを考えてたんだ。いま1回だけ頑張るのと、高校受験と大学受験の2回頑張らなきゃいけないのと、どっちがいい？」

やっぱり実体験のインパクトは強かったらしく、娘は、「じゃあ、いま頑張る」と言い、やっと中学受験に意欲を見せてくれたんです。

受験準備期間中も、ことあるごとに夫にサイレント比較を促しました。

「お友達のBちゃん、勉強でわからないところは全部パパに聞くんだって。ママには全然聞かないらしいのよ。パパのほうが教え方がわかりやすいって。私もこの間ね、○○（娘の名前）に、パパに教わるほうがよくわかるって言われちゃった。やっぱり、あなたって教えるのうまいもんね」

これ、いうなれば夫が自分自身に関する素晴らしい〝口コミ〟を聞いてる状態なんですよね。ストレートにほめるよりも「誰かがあなたをほめてたよ」と言うほうが何倍もやる気につながります。

男の人って本当に単純なところがあって、認められたとなると、もうひと肌脱がなきゃと発奮してくれるんですね。女性なら「この人、何かたくらんでるな？」とか思うじゃないですか（笑）。

ちなみに、夫に伝える〝口コミ〟は全部本当でなくてもいいんですよ。もうね、いい嘘、幸せになるための嘘はバンバンついていいんです！

さて、夫に活躍してもらうために、私はバカな母親に徹し、「ママはわからないから勉強のことは全部パパに聞いてね」というスタンスを貫きました。夫はそりゃあ頑張ってくれまして（涙）、娘は無事、第一志望校に合格することができたんです。

大学は自分で志望して関西では有名な他大学に進みましたが、それができたのも、中学受験時にサイレント比較で夫と娘の間をガッチリつなぎ、勉強習慣をつけることができたからだと思っています。

夫婦の未来や子どもの成長などを比較する

夫婦がともに白髪になるまで長生きすることを、昔は「共白髪《ともしらが》」なんていいましたが、いまや平均寿命も延び、白髪が生えてからの夫婦生活のほうが長いんですよ。スゴい話ですよね。だからこそ夫婦関係のよしあしは生涯の幸福度に直結するのです。

熟年になっても夫婦円満、憧れますね。歳《とし》をとっても仲良くする秘訣はたくさん会話をすることで、過去や現在のことだけでなく、未来の話をしている夫婦ほど仲がいいというデータがあります。

老後はどんなふうに暮らしたいか、子どもたちが巣立ったら自宅をどうリフォームするか、のようにかなり先のトピックでもいいし、「週末、どこのお店にご飯食べに行く?」など数日後の相談でもOK。

未来についてワクワクしながら話すことで、人生をともに歩む愛《いと》しい相棒という意識が高まります。


何度かご紹介しましたが、「私の意見」でなく、「誰々さんが言っていたよ」という言い方で相手をその気にさせる心理テクニックを「第三者話法」といいます。たとえば、「○○さんのところのご両親が70代で熟年離婚したんですって。理由は夫婦の会話がなかったからだっていうの。会話がある夫婦のほうが仲がいいのは想像つくけど、会話がある夫婦とない夫婦って、どうしてそんなに違っちゃうのかな?」

このように、聞いた話を元に、具体的に比較をさせる質問をします。

「わからないから教えて」という立場で、夫に答えさせること。「私はこう思うよ」と先に持論を展開すると丸ごと聞き流されます。

質問されて初めて、夫はわが身のこととして考えだすのです。第三者話法の質問例をさらにご紹介しましょう。

「友達から聞いたんだけど、子どもが結婚して家庭を持ったときに、無意識のうちに子どものときの自分の両親の夫婦関係を再現するらしいよ。私たちって大丈夫かな？」

この質問は、お酒を飲みすぎると暴言を吐くなど、自分のダメな部分を自覚しているタイプの夫にはけっこう効くと思います。


子どもの成長を夫に実感してもらい、家族の大切さを再確認させる質問もあります。うちの実例をご覧ください。

「△△さんの娘さん、いま21歳なんだけど、彼氏の相談をお父さんにするんだって。女の子なのに母親である自分には相談してくれないって、△△さん、嘆いてたわ。でもさ、なんで娘さん、お父さんに相談すると思う？」

「お母さんが口うるさいからなんじゃないの？」

と夫。さあ、ここでキラーワードを繰り出しますよ！

「まあ、それもあるかもしれないけど、彼氏の気持ち、男性心理を知りたいからお父さんに相談するんだって。そりゃあ母親にはわかんないもんね。うちの娘もいずれそうなるんじゃないかな。父親って頼りにされていいよね。なんか私、悔しいなぁ」

娘を溺愛している夫は、「俺じゃないとできない役割か。そりゃあ力になってやらないといけないな」と、鼻息荒く（笑）言っていました。

夫婦円満の秘訣としては、同じ趣味を持っていることも大きいですね。

知り合いの、お子さんのいらっしゃらない熟年夫婦は、海外旅行が趣味で世界中を旅して回り、とても仲良くしておられます。やはり二人暮らしの登山好きな熟年夫婦も、本当に仲良しですよ。常に、「次はどこの山に登る？」と未来の話をしていて、登山グッズの買い物などもいつも二人一緒に出かけています。

そうかと思えば、口を開けば「夫にはもう何の感情もない。同じ墓になんて絶対に入りたくない」と話している奥さんも知っています。

「そういう夫婦にならないために、何ができるかな？」

夫にだけでなく、私たち妻は自分自身にも問いかける必要があるかもしれませんね。

ステップ3のポイント

夫が鬼化する「比較」

「この人、どうしてこんなに鈍感なの！」と夫に対してしょっちゅう不満に思う私たち。でもその半面、男性には、どうしてそんな小さなことを気にするのかと思うほど繊細なところもあります。

それに男性は女性以上に嫉妬《しっと》深いので、とくに妻がほかの夫を持ち上げすぎる発言をすると、「何だよ！　勝手に比較して俺をバカにすんじゃねぇよ！」とキレて鬼化します。

ダメ夫に逆戻りし、神夫にするためにコツコツやってきた私たちの努力が水の泡となる可能性もあるので、マジメに要注意です。

鬼化する比較①　昇進、人脈

「昨日ランチしたとき聞いたんだけど、私の友達の○子の旦那さん、今度は部長になったんだって」

妻は単なる出来事として言っていても、夫が課長や係長の場合、聞いた途端、イラつきます。

「どうせ俺は課長だよ。うだつが上がらなくて悪かったな」と。私たちからすれば、「いやいや、そんなこと思ってないし！」なんですが、夫は自分の能力を否定されたと思い込んでしまいます。

ワイドショーのコメンテーターの肩書を見て、妻が「あの人、30代なのに教授だって」などと言うのも夫は面白くありません。

夫より立場が下の人については話題にしてもかまいませんが、夫より上の立場の人の話はやめておいたほうがいいですね。

そのほか、

「うちの子の小学校のPTA会長、すごく人脈が広いらしいよ。経営者が集まるパーティーにもよく招待されるんだって。去年、賞をとった作家の○○さんとも仲がいいって」

これも危険ですね。「俺の友達には社長なんていないし、有名人なんて俺、一人も知らねぇし。毎日クタクタになるまで働いてるのに、なんでそんなチャラチャラしたヤツと比べられなきゃいけねぇんだよ！」とキレられる元です。
妻にとっては単なる世間話でも、夫の捉え方は違うのです。

鬼化する比較② 人格、持ち物、外見

「お隣のご主人、めちゃくちゃ優しくて、仕事から帰ってきたら毎日、子どもの宿題見てあげて、休みの日は毎週、奥さんや子どもの行きたいところに連れてってくれるんだって。掃除好きで率先してやってくれるから、奥さん掃除したことないらしいよ」

こう言われた夫は、「どうせ俺は仕事から帰ったら風呂入ってメシ食ってゴロゴロしてるよ。休みの日ぐらいゆっくりしたいし。家族のために真面目に働いてる俺のどこがいけないって言うんだよ！　こんな家、帰ってきたくなくなるよ」と鬼化する可能性大です。

「子どもの塾が一緒の△△さんのおうちに遊びに行ったら、豪邸でびっくりしちゃった。家具も全部高級品でね、なんとサウナもあるのよ。クルマは外車だし。自転車が趣味らしくて、私が見てもわかる高そうなロードバイクがあったわ」

妻としては、夫と「すごいね、そういうお宅もあるんだね」と言い合いたいだけな

んですよ。でも、夫にしたら「ウサギ小屋に住まわせて悪かったな」となる。劣等感を鋭く刺激されてしまうんですね。

外見を比べるようなセリフもかなりNGです。

「この間、うちの子のお友達の□□ちゃんがパパと公園に来てたんだけど、細マッチョっていうの？　スリムだけどいい感じに筋肉がついててね、あれはけっこうトレーニングしてると思うよ。ジムとか通ってるんじゃないかな」

もう本当に妻は近況報告的に話しているだけなんですが、自分が夫に同じようなことを言われたらどうでしょうか。想像してみてください。

「お隣の奥さん、美人だしスラッと背が高くて出るとこ出てウエストはくびれてて、脚もキレイだよな。40代にはとても見えないよ。いつも感じがいいしさ」

……猛烈に不愉快じゃないですか？（笑）

「自分がされてイヤなことは人にするな」と自分の子どもには言いますが、案外、私たちも無神経なことを夫に言い放ってしまうことがあるんですよね。

神夫への道はまだ半ば。ここでちょっとわが身を振り返ってみると、よけいなトラブルを避けられますよ。

ステップ4

困った夫に行動させる 育てる

④行動 〝気持ちよく〟自ら動いてもらうテクニック

ステップ4の目的

あなたにも子どもにも無関心だったダメ夫に家族の大切さを気づかせ、夫自身の問題点を直視してもらい、変わらなければならないと自覚をさせるところまで進んできました。最初の頃よりずっといい夫になったと実感していただけているのではないでしょうか？

ただ、ダイエットにリバウンドが付きものであるように、人の意識もリバウンドします。一瞬変わっても元に戻ろうとするんです。

人間の潜在意識は「自分のペースを変えたくない」と設定されているので、「あれ？なんで俺、こんなことやってるんだっけ。やーめた」となってしまうことがあるんですね。

神夫になる芽を枯らさず育てるために必要なのは、〝神夫な行動〟が習慣になるような言葉をかけ、質問をし、さりげなく夫の背中を押し続けることです。

小さなことからコツコツと

あなたとの関係においても、家事や育児においても言えるのですが、神夫な行動を夫が完全に身につけるには、回数をこなさなければなりません。

そのために私たち妻は、「えっ、この期《ご》に及んで、そんなちっちゃいことまで言わなきゃいけないの？」「そんなことまで面倒みる必要ある？」と思うようなことでも、夫に仕込み続ける必要があります。

たとえば、男の人って、よく紙くずなどをゴミ箱にシュートしますよね？　いまは神夫に進化したうちの夫もかつてはそうでした。そして、投げて入らなかったら、そのまんまにする。

文句を言うと、「次に立ったついでに入れるから」とか言うんですよね。床に転がったまま放置されているゴミ、ホントにイラッとします。

だから夫がゴミをシュートして入らなかったら、私はすぐさま「ゴミ箱、このへんだったら便利かな〜」と言って、ゴミが落ちた場所にゴミ箱を移動するようにしたんです。そうしたら夫もさすがに転がしたままにはせず、拾って捨てるんですね。

ハハーンなるほどね、と思った私は、今度は夫の居場所のソファの、寝転がったときに頭になる側にゴミ箱を置くことにしたところ、ゴミを投げる必要がなくなったので問題解決です。

いまではソファの周りはマンガ雑誌を入れるボックスや、ヒゲ剃《そ》りや爪切りなどのグルーミンググッズを入れるカゴなど夫のモノが一堂に会していて、一歩も動かなくてもすべて事足りる仕様になっています。

こうなると自然とテリトリー意識が生まれ、そこだけは自主的にキレイにするようになった夫。ゴミ箱の中身を家の外の蓋つきのペールに捨てに行くのもやってくれています。以前に比べたら本当にラクになりました。

夫に家事を頼むときのテクニックについてはここまでのステップでもご紹介してきましたが、何しろ人の意識も習慣もリバウンドするので、いったんやるようになっても、やらない夫に逆戻りする可能性は常にあります。

たとえば、食事を終えたらすぐに自分の食器をシンクに運んでくれていたのに、最近は放置する時間が長くなってきた、などサボりグセの発生に気づいたら、その都度、修正していきましょう。

コツは「〇〇〝だけ〟してもらっていい？」とあらためて頼むこと。夫は「まっ、俺の役目だし、そのぐらいならやってやるか」と改心モードになります。

そして今さらと思わず、「キッチンのカウンターに食べた食器を置いてもらうの〝だけ〟お願いできる？」から始めて、「シンクまで持ってきてもらうの〝だけ〟頼んでもいい？」に移行するようにしましょう。

やってくれたら、必ず「ありがとう、助かったわ」と言ってくださいね。同じことを何度も言って、ほめて習慣づける子どものしつけと同様です。

このように〝指導のし直し〟でも、小さなことからコツコツと、つまり、徐々に段階を踏んで何度も伝え、実践してもらうのが、遠回りなようでも成功率が高いですよ。

さて、次は洗ってもらう段階に移るわけですが、まずは、

「煮汁やソースが残ってるお皿、水でサッと流してもらうの〝だけ〟やってもらえたら助

かる〜」

と頼んでみます。何に関してもスモールステップ方式で、ほんの少しずつ頼みごとのレベルを上げていくんです。

何度も言いますが、私たち妻が欠かしてはならないのは「ありがとう」のひと言です。行動してもらうことと感謝を伝えることは必ずセットにする。これ、鉄則です！

家事の頼みごとは「ついで商法」で

コンビニやスーパーに行くと、レジの近くに小さいサイズのお菓子がよく置いてありますよね？　レジに行く流れで目に入るし値段も安いので、つい手に取って買うお客さんは多いもの。

このように「ついでに」「何となく」購入してもらって、お店側がトクをする。これが「ついで商法」です。

いまでは自分の分だけではなく家族の分の食器まで洗ってくれるようになったうちの夫、

食器だけでなくシンクの内側までキレイにしてくれます。

これが成功したのも「ついで商法」で頼んだから。夫が自分の役割のついでに、ちょこっとやるだけですむ家事をお願いするんです。

食器を洗えば洗剤がついたスポンジを手にしているわけで、ちょうど洗い終わるタイミングを見計らって、

「ついでにシンクの内側、軽～く洗っておいてくれたらうれしいなぁ」

と言ったら、とくに抵抗することなくやってくれるようになりました。

「ついで商法」の頼みごとを成功させるために大事なのは、面倒くささを感じさせないようにすることとです。

たとえば、洗濯物を取り込むついでにベランダを掃除してほしいなんて言ったら、そりゃあもうイヤに決まっていますよね？　でも、

「洗濯物取り込んでくれたら、ついでにタオルだけ畳んでおいてくれると助かるわ～」

と言えば、案外スムーズにやってくれます。タオルを畳むのはカンタンだし、そこまでたくさん枚数があるわけでもないですからね。メイン業務の流れでできることだけを頼む

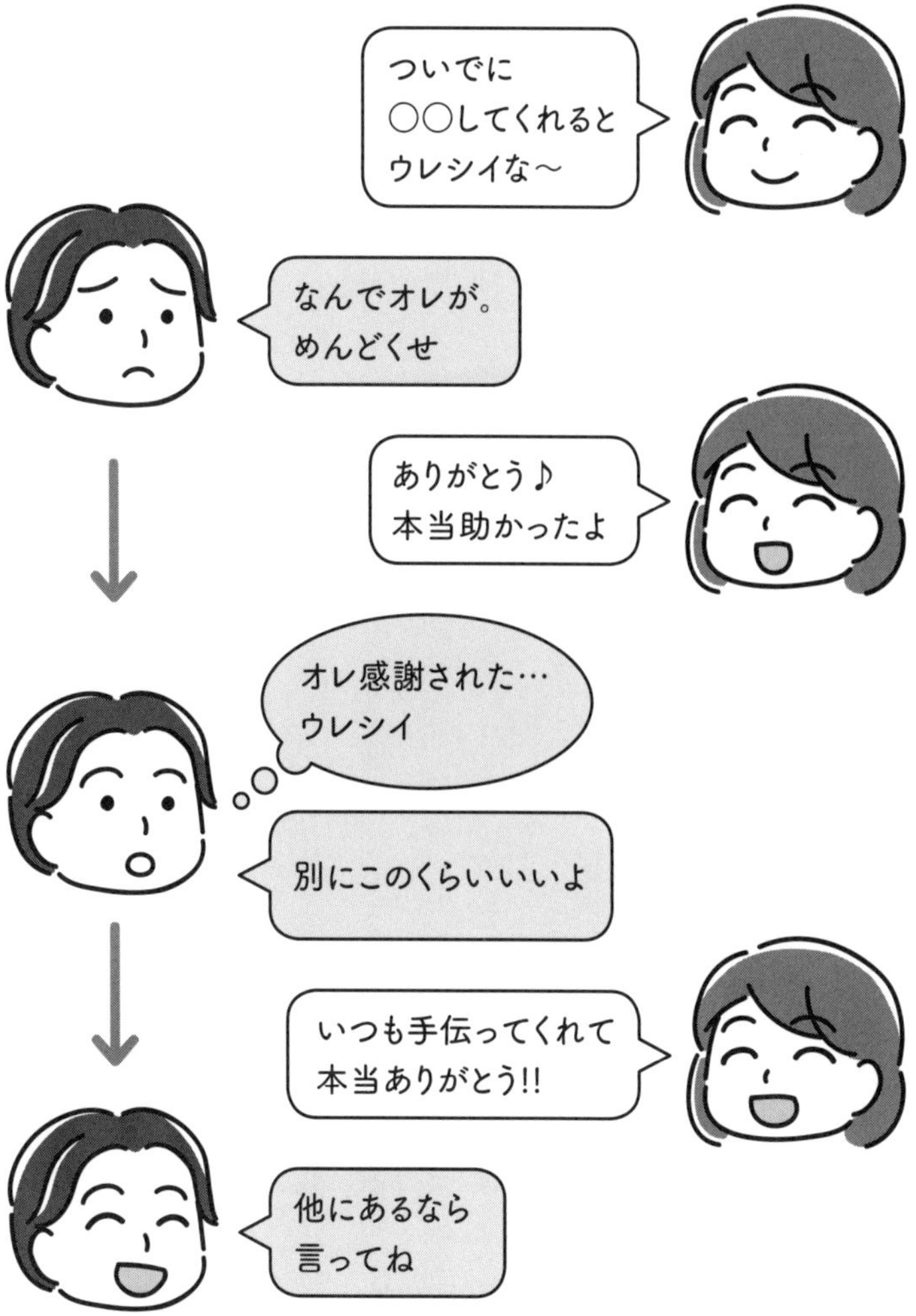

「感謝」を伝えることで、自分も相手も幸せに

のがコツです。

けっこう助かっているのが、夫が仕事で遅くなったりして最後にお風呂に入った日に、ついでに浴室内に冷水シャワーをかけてもらうことです。冷水をかけておくと、カビが生えにくくなるんですよね。

「お風呂から出るとき、浴室の壁や床に冷たいシャワーだけかけといてくれたらうれしいわ」

と最初にお願いしたときは、やってくれるかな？　どうかな？　と思いましたが大丈夫でした。

ただ、「ついでに○○して」としょっちゅう言いすぎると、夫に「俺は便利屋じゃねぇ！」と反旗を翻されるので、どのくらいの内容や頻度なら面倒がらずにやってくれるかは、あなたの鋭い観察眼を駆使して判断してくださいね。

夫の気分に左右されない「スルー力」

まあ夫もヒトの子ですから、体調が悪いとか、イヤなことがあってムシャクシャしてるとか、何事かがつらくて落ち込んでいる日もあります。そんなとき、私たち妻が心がけるべきなのが、夫の気分に左右されて行動を変えないことです。

夫が肉体的・精神的に暗黒なときって、

「これから大変な仕事に向かう俺にゴミ出しさせる妻なんて最低だ！」

とか、

「家の中でこき使われて休む暇もねぇ。あーあ、お前はさげまんだよ！」

とか、聞くに堪えないような言葉をバンバン吐くんですよ。まったく！　コドモか？

私たち妻は、そんな言葉や態度に反応してはいけません。ネガティブさに取り込まれて機嫌をとったり、恐怖を感じて下手《したて》に出たりしないことです。

反論もしないでください。妻がブチ切れてギャーギャー言えば、向こうからもギャーギャーが返ってくるだけです。

敵は当たり散らすことが目的なので、反応してしまうと汚い言葉の応酬になり、関係の修復に手間と時間がかかってしまいます。ああ、メンドくさい。

とにかく眉一つ動かさず、「あっ、そっかー」と言うだけ。それ以上何も言わず、受け流してOKです。

妻にキレれば構ってもらえるとなると、ちょっと気に入らないと、すぐ鬼化するダメ夫に逆戻りしてしまいます。

大人の私たちに必要なのはスルー力です。映画『マトリックス』で主人公が思いっきり背中をそらして銃弾をよけるあのイメージ。華麗にかわしていきましょう。

夫の行動が鈍ったら、自分を振り返らせる質問をする

最近夫の行動がイイ感じ。そろそろ神夫になったかな～と思っても、ふいにある日リズムが狂い、夫の行動が鈍ることがあります。それは先ほどお話しした体調不良やイラつき、気分の落ち込みが原因だったりもしますが、単に何となくやりたくなくなってしまうことも。

逆に、お酒の飲みすぎや喫煙といった悪い習慣をせっかくやめていたのに、また復活させてしまうこともあります。してはダメだと夫自身もわかっているけれど、またやってし

まう。本当にヒトって、元の自分に戻ろうとするようにできているんですね。

ただ、夫にそんな様子が見受けられた場合、

「何よ、やっとゴミ出ししてくれるようになったと思ったら、もうやらなくなっちゃったわけ？」

「またこんなに酔っぱらって！ えっ、このニオイ、タバコよね。禁煙したと思ったら、すぐ元に戻っちゃって。本当に意志が弱いんだから！」

などと言ってしまうと、たとえ事実でも「すぐ元に戻る」「意志が弱い」と決めつけられたくない夫は、なおさら悪習慣にハマり続ける可能性があります。誰しもダメなところをズバリと指摘されたくはないですもんね。

こんなときは、いまの自分を振り返らせ、自分で自分を見つめてもらう質問をしましょう。

たとえば、お子さんがいるなら、

「子どもたちも、毎日仕事が忙しいのに家のことやってくれるあなたのこと、すごいって言ってたんだよ。子どもたち、残念がるんじゃないかなぁ？」

というように、子どもの気持ちを前面に出します。

夫は、妻から直接的にダメ出しを食らうのをイヤがるものです。ヒネくれているときは、「またコイツ、ギャーギャーうるさいこと言いやがって」と、あなたに悪感情を抱くだけなので、あくまで子どもの気持ちはどうだろうね？　と質問するようにしましょう。

「お宅のパパ、休みの日の朝、家の前を掃除しててエラいわねぇってご近所さんが言うのよ。いつも子どもたちのいるところでほめてくれるから、あの子たちも自慢みたいなんだ。パパが全然掃除しなくなっちゃったら、子どもたちどう思うかな？」

子どもに加えて第三者の感じ方を想像させる、こういう尋ね方もアリです。

飲酒や喫煙に対してなら、夫の母親に登場してもらうと効果的でしょう。

「前はすごくたくさん飲んでたけど、家族のために健康にならなきゃって、お酒を控えてタバコもやめて、お義母さん、すごく喜んでたのよ。さすがあの子も父親ね、責任感が強いねって。いまのあなたの様子を見たら、お義母さん悲しむんじゃないかしら」

男性にとって母親は特別な存在なので、ちょっと背筋が伸びます。マジメにわが身を振り返る動機になるはずです。

夫にもう一度いい行動をしてもらいたいなら、こうした質問によってなるべく自然に自分を振り返ってもらいましょう。

真っ向から否定したり、劣等感を抱かせたりしないように気をつければ軌道修正する可能性は高いですよ。いったんはいい方向に進んでいた夫なのですから。

夫からの相談には質問で答える

男性ってプライドが高いですよね。ちっちゃいプライドをたくさん持っています。そのプライドが傷つくような出来事があると、人知れず落ち込むことも多いんですよね。

普段からよく会話をしている夫婦だと、夫が妻に相談してくる場合もあるでしょう。

「今日の会議で一方的に俺の部署が攻撃されてさ。参っちゃったよ。こっちの説明を聞く耳も持たない責め方って、俺としては絶対よくないと思うんだよな」

このように夫が窮状を訴えてきたとき、妻がどう対応するかはとても重要です。まずは何をおいても、夫が感じたことを承認してください。

「そうなのね……。あなたはそれがよくないって思ったのね」

とにかく夫を受け止め、認めてあげることです。その後で詳しい状況などを質問するようにしましょう。

仕事のことだと何を聞いていいかわからないと思うかもしれませんが、ステップ1〈81ページ〉でもご紹介した「5W1H」に当てはめて質問していけば難しくありません。

「5W」とは、「When：いつ」「Where：どこで」「Who：誰が」「What：何を」「Why：なぜ」を表し、「1H」とは、「How：どのように」を表します。

必ずしもこれらを全部聞かなくてもいいんですよ。たとえば、「誰があなたに否定的なことを言ったの？」「あなたの部署の仕事の何を責められたの？」「これからどうしていけばいいって思う？」など、夫が話したそうな内容に合わせて質問しましょう。

夫はあなたに話したい、聞いてほしいから相談を持ちかけているわけで、よくわからないのに質問していいの？　といった遠慮はいりません。夫の話に質問で合いの手を入れるぐらいのつもりでいいんです。

私自身もそうですが、**人間って誰でも承認欲求のカタマリなんですよね。**どんなに社会的地位のある人でも、誰かに認められたい気持ちが必ずあります。

じつは、夫の承認欲求を家庭で満たしてあげないと不倫が勃発しやすいんですよ。不倫相手の女性ってとにかく男性の話をよく聴いて全肯定しますから。まっ、最初の1~2年ぐらいですけどね……。

だから、夫が相談してきた場合はいったん家事などの手を休めて真剣に聴き、関心を持っていることが伝わるように必ず質問しましょう。

質問しないと、夫は自分が承認されていないと感じます。「俺を認めてくれるこの妻でよかった」と再確認させるチャンスですよ！

不倫にピリオドを打たせる質問とは

夫が不倫にハマっていて、ある日「お前とは離婚だ！」とあなたに言ってきたとします。そう言われると、たいていの妻は「私は離婚しないよ」と言ってしまうんですが、「しないよ」と言われると、夫のほうは是が非でも別れてやろうと思うんですよね。こういうときに禁止事項を出すと、火に油を注ぐようなものなのです。

じゃあ、どうすればいいか。離婚とは本質的にどういうものかを夫に考えさせないといけないんですね。本当に離婚したい男性は弁護士を雇い、どんどん話を進めます。現状それをやっていないということは、「離婚だ！」と言っているのも単なる勢いです。

さあ、質問の出番ですよ！

「あなた、離婚って言うけど、離婚って、どうやったらできると思う？」

離婚するって本当に手間がかかるんです。財産分与や養育費問題もあるし。

「紙切れ1枚でできるだろう」

ハイ、なんて浅はかなんでしょうね。でも、いったんその答えを受け取りましょう。

「そりゃそうだね。届けを出せば離婚できるよね。でも、それ以外にいっぱいやることがあるんだけど、どうやったら全部片づけて離婚できると思う？」

「たとえばどんなことだよ」

「子どもたちにはなんて説明するの？　ご両親には？　あなたが不倫したんだから慰謝料が発生するよね。養育費はどうする？　子どもが私立中学受験したいって言ったら、その費用は？　学費は？」

何にせよ、離婚することは相当面倒くさいと思わせないといけません。実際、離婚を進めていくのって本当にしんどいので。

「私にはいまのところ離婚の考えはないわ。あなたが面倒なことを全部片づけてくれたら、そこから考え始めようと思うんだけど、どう？」

こう質問を投げると、夫は離婚の話をしなくなります。男性って面倒くさいことは本当にやらないので。

別の方向から攻める質問の仕方もあります。

「不倫相手の女性が暴れ出したらどうする？　いまそういう事件があるじゃない？　うちの前でウロウロされたりしたら、子どもたち怖がるよね。ご近所はどう思うかな？」

すると、夫はこう言うでしょう。

「そんなことするわけないだろ。バカバカしい」

ここでもいったん受け取りましょう。受け取ってから畳みかけます。

「そうだよね。その人のこと信じてるんだもんね。じゃあ、考えてみて。もしもあなたが家を出るとかして強行突破で私と別れようとしても、5年から10年は離婚できないと思うんだけど、そのこと知ってる？」

夫が家を出たとしても、妻に過失がない限り法律的に離婚請求はすぐに通りません。夫婦関係が破綻していると夫が主張しても、夫に不貞の事実があれば5~10年、仮に不貞の事実がない場合でも3~5年は離婚できないのです。結婚するのはそれこそ簡単に紙切れ1枚でできますが、離婚は超絶に難しいんです。

これらのことを淡々と説明し、最後の質問です。

「そんなに何年も、その女の人って待てるのかな？」

不倫の果てにあなたや子どもたちを無いものにしようとしている夫の頭の中に、相手の女性が泣きわめいて暴れる映像や、夫自身が疲れ果てる映像、子どもたちがつらい思いをする映像をくっきりと浮かばせます。

人の思考って都合よくできていて、自分はそこまで大変な目に遭わないと決めつけているものです。でもじつは出方次第であっという間にどん底に堕《お》ちるのだと夫に理解してもらいましょう。現実がはらむ問題をくっきりと浮かび上がらせる質問には、その力があるのです。

ステップ4のポイント 夫が鬼化する「質問」

前項でご紹介した、不倫夫に自分の問題に向き合ってもらうための質問を読んで、「えっ……この奥さん、コワくない?」と思う方もおられると思います。

たしかに、冷静に正確に詰めてこられると、不倫の後ろめたさを感じている夫はゾッとするかもしれませんね。

ただ何度も言いますが、基本的に自分の行動を変えたくないのが人間です。「変わらなきゃいけない」と決意するためには、どうしても「痛み」が必要なんです。

的確な状況分析と質問によって痛みを感じさせ、ショックを受けてもらわなければ本気で変わろうという気持ちになりません。

その後、不倫相手とどう別れるかなど具体的な話を進めていく段階になったら、希望を持てる話も盛り込んでいくのがコツです。

痛みばかりだとしんどくなってしまいますもんね。ここでいう希望とは、比較的遠くにある家族の喜びです。

「子どもがいま夢に向かって頑張ってるよね。実現したら最高だろうね」

「あなたがいつか見たいと言ってたオーロラ、勤続○年で休暇をもらったら、家族みんなでカナダに行って見てみたいな」

というような、心に「快」の感情が生まれる話をします。

その「快」に向かうために今の行動を促す起爆剤になるのが「痛み」であり、神夫になってもらうには私たち妻がその両方を使っていかないといけないのです。


ここで気をつけたいのが、脅迫や罰にならないようにすることです。

たとえば、いったんやってくれるようになった家事を夫がやらなくなってしまった場合、

「あの家事をやってくれないんだったら、5万円あげてたお小遣いを3万円に値下げするからね」

とやると夫は必ず鬼化します。

あとですね、私たち女性って夫を言葉で追い込んでいくと、なんだか意気揚々としてくるんですよ（笑）。万能感が生まれるというか。で、女性は過去に生きているので、

「前にお義母さんと私がちょっとモメたときも、あなた、ぜんぜん力になってくれなかったよね」

「去年子どもが不登校気味になったとき、あなたから子どもに話してくれるって言ったじゃない。いったいあの子に何を言ってくれた？　結局、何も話してくれなかったじゃない！」

というふうに、あの頃も、あの日も、あのときも……と、「いま、それ関係ないじゃん」な記憶を、つい芋づる式に引っ張り出しがちです。

そして、最後のシメに、

「あなたって、どうしていつもそうやって面倒なことから逃げるの？」

と言い放ってしまう。

当然ながら夫は鬼化し、

「なんだよ！　お前だって俺が転職して必死に頑張ってたとき、無神経なこと言っただろ！」

などと応酬してきます。もう罵詈雑言《ばりぞうごん》の投げ合い。いま直面している問題も見えなくなってしまいます。

かくいう私も夫とこういう言い合いをしてテーブルを引っ繰り返したことがあるので……私がですよ（笑）。

自戒を込めて言いますが、夫を言葉や質問で詰めていくときは表情や感情の動きをよく見て、ムダに鬼化させないよう手綱を引いたり緩《ゆる》めたりしながら進めることをおすすめします！

……………………………

ステップ
5

神夫の満足度アップのために花を咲かせる

⑤満足 お互い感謝し合える関係に

ステップ5の目的

ダメ夫だった人間を神夫に変えてきた道のり、いかがでしたか？　妻であるあなたは頭も心も使い、時には厳しく、時には優しく夫を導き、本当に根気よく頑張ってこられたと思います。その素晴らしさにトロフィーを授与したいほどです！

――と、いま私はあなたをほめました。さあ、今後は神夫になってくれた夫をあなたがほめ続けてあげてください。「ホントにすごいね！」「私、とってもうれしい！」。賛辞ってナンボあってもいいですからね。

ただし、ほめられ慣れると夫のモチベーションが下がって元に戻ってしまうので、マンネリ化させない工夫も必要です。

神夫になってくれた喜びを存分に表現しつつ、成長し続ける夫にするための仕込みを欠かさない。あなたがそういう妻であってこそ、神夫は今の自分や夫婦関係に満足し、ずっと神夫でいてくれるのです。

夫への感謝が確実に伝わる方法

感謝されるのって、誰にとってもすごいモチベーションになります。徹底してほしいのは、わかりやすく短く伝えること。子どもにお使いを頼んだとき、帰ってきたらその場でパッと感謝するイメージですね。

声を弾ませて言うことも大事です。夫って、私たち妻がちょっと髪形を変えたり、新しいピアスをつけたりしても気がつかないですよね？　つまり妻の顔はほとんど見ていないということです。だから明るく弾んだ声で表現するのが気持ちを伝えるポイントになります。

音とジェスチャーを活用するのもいいですね。私もよくやっているのは、

「ケーキ買ってきてくれたの？　めっちゃうれしい！」

「パパがリビングに掃除機かけてくれた〜！」

と、パチパチ手をたたくことです。

音を出すと夫は目線をこちらに向けますから、大きめの声で盛り上げ、最高の笑顔で感謝を表現してみてください。確実に伝わりますよ。

気をつけたいのは、定型文で感謝しないようにすることです。

たとえば、「ありがとう。助かったわ」。別に悪くはないんですが、毎回この言葉でしかも棒読みだったりすると、夫は「コイツ、本当に感謝してんのかな？」と感じます。だからといって長々と言う必要はなし。

コツは、「すっごく」とか「めっちゃ」とか「サイコーに」とか、ちょっと擬音語のように強調する言葉をつけて、リズミカルに言うことです。

「すっごく助かったぁ！」

「めっちゃ感謝してる〜！」

「サイコーに楽しかった♪」

男性は女の人が自分にキャッキャするのが本能的に好きなので、このように感謝されると気分よく神夫な行動を続けてくれます。

ハッキリ言って、単に「ありがとう」だけでは、言うほうも言われるほうも飽きちゃうんです。

飽きるからだんだん感謝の言葉が少なくなり、感謝されないから夫は何もしなくなる……こんな悪循環は誰の得にもなりません。

手をかえ品をかえ、じゃないですが、昨日はおとなしめに伝えたら、今日はちょっとはしゃいで伝えるなど、バリエーションをつけるほど夫の張り切り方も明らかに変わるものです。

何をほめているのかを具体的に言うのも効果的です。たとえば、

「あなたのそういうちょっとした優しさが、私、すごく好きなの」

「あなたが穏やかに話してくれるから、とっても心が和むんだよね」

こんなふうに胸を打つ言葉で。

「どう言われたら喜ぶかな？」と気持ちを想像してあげられる妻には、夫のほうも、もっと何かしてあげたいと思うものです。

リバウンドさせないための朝と夜のコミュニケーション

どうしたって人間は気分に左右されます。それを頭に置いて、神夫がダメ夫にリバウンドしないよう、コミュニケーションを実践していってほしいと思います。

その日の気分を決定づけるのは、やはり朝。朝にどんなイメージを夫に抱かせるかは重要です。

朝の挨拶は、もちろん笑顔でしましょうね。

私が心がけているのは、夫よりも早く起きて、お化粧することです。フルメイクまでしなくてもいいんですが、軽くパウダーをはたくとか、眉をナチュラルに描くとか、ライトなメイクは欠かしません。まつ毛パーマをしているので、ササッとマスカラを塗るだけで目元もはっきりします。

スッピンで目ヤニをつけて、寝癖がついたボサボサ髪で着替えもしていない、というのはやめたほうがいいですね。

なぜなら、男性は一歩外に出たらキレイな身なりの女性ばかりと接するからです。髪を巻いてきちんとお化粧して、スーツやワンピースを着てパンプスを履いている女性に囲まれているのに、自分の妻はいつ見てもノーメイクでヨレヨレのスウェット姿だったら、いくら気の置けない仲とはいえ、イヤになりますよね。

それから、朝食は毎日つくったほうがいいです。朝はあまり食べられない夫なら、喫茶店のモーニングみたいに食パンとゆで卵とコーヒーだけでもＯＫ。全部食べてくれなくてもいいんですよ。朝食の何が大事って、自然に会話ができることです。

朝にちょっとしたことでも話をすると、夜にも話をするようになります。朝をどう過ごすかが夫婦を変えるんですよ。

もちろん、体調やその日の仕事の内容などで夫の気分も異なるので〝クラッチ合わせ〟は必要です。

クラッチ合わせとは営業用語で、本格的な商談に入る前に顧客に合わせた雑談などで、その場の空気や相手の心をほぐすこと。マニュアル車を発進するときのクラッチ操作にたとえてこの名がついています。

たとえば、夫がしんどそうな顔をしているのに、妻がテンションMAXで「おっはよー！今日は天気がよくてウキウキするね？」とハジけたら、うっとうしがられてもしかたがないですよね。

朝は明るく爽やかに接するのが基本ですが、夫の気分に合わせて、静かで落ち着いた雰囲気で朝の時間をともに過ごしたほうがいい日もあるのです。

夜、夫が仕事から帰宅したら、笑顔で「お帰りなさい」を言うのはマストです。

そしてタイミングを見計らって、「今日はどうだった？」と聞いてみましょう。私たち、子どもには「今日、学校どうだった？」って尋ねますよね？　でも、なぜか夫には聞かないんですよ。

夫の答えが「いや、別に」だったら、「あっ、そうなんだ」で済ませればOKです。

夫にとって、妻が自分に興味を持っているかどうかは案外大きなことです。

「私はあなたに関心があります」という気持ちが伝わることに意味があるのです。

先ほどもお伝えしましたが、朝に会話していれば夕食のときにも自然と会話が生まれます。大事な話があれば食事と絡めてするといいですよ。食事中にはオキシトシンなどのいわゆる〝幸せホルモン〟が分泌されるので、穏やかに話し合えるんです。

育ったご家庭によっては、食事中に話をするのを好まない夫もいますから、その場合は食後にコーヒーを淹《い》れ、飲みながら話しましょう。

神夫らしい振る舞いをしてくれるようになった夫をダメ夫にリバウンドさせないためには、今ある問題を自覚してもらうような質問をすることが必要ですが、疲れているときに質問が多いとイヤがられるので、そこは朝と同じく〝クラッチ合わせ〟です。夫をよく観察してくださいね。

相手をよく見て気持ちを想像し、話の内容や伝え方を変える力は、男性には備わっていない、私たち女性特有の能力です。存分に活かして夫とのコミュニケーションを深めましょう。

スキンシップしていますか?

うまくいっている夫婦は必ずスキンシップしています。最近してないわ、という方は、何かにつけて、ちょこっと夫に触れることから始めてみましょう。

たとえば朝、おはようを言うとき、肩をポンと叩いたり、何かを渡すとき、少しだけ指先に触れたり。ベタベタさわるんじゃなく、湿度を感じさせない程度に一瞬だけ、です。

もしも「はっ？　いったい何？」って顔をされても落ち込む必要はありません。今日の夫の気分はスキンシップに対応できなかっただけで、明日は新しい一日ですから、また気分が違います。

スキンシップを躊躇《ちゅうちょ》する気持ちになってしまうなら、日をあけてトライすればＯＫ。柔軟にいきましょう。

何を隠そう、私もそういうことがありました。不倫中の夫にハグしようとしたら、全力で拒否されたんです。

でも私はへこたれないほうなので（笑）、拒否された翌日に「ハグして」って言いました。そうすると、だんだん夫も諦めてくるんですよ。「ハイハイ、もうわかった。ほらハグね」って感じで。

こうしてハグが成功したので、今度は夫が出勤するときに玄関まで見送り、行ってらっしゃいのチューにステップアップすることにしました。

当時小学2年生だった娘の登校も同じタイミングだったので、私たちがチューすると、娘が「キモ！」なんて言いながらも、とてもうれしそうにしていて。娘のおかげで出がけのチューも習慣になりました。ホントに子はかすがいです。

まあ、そこまでできたのは前項でお話ししたような朝のイメージづくり＝ちょっとお化粧したり朝食をつくって会話したり、が土台になったからだと思います。

もしもセックスレスの悩みがあっても、焦ったり急いだりする必要はまったくありません。

まずは手に少しだけ触れるスキンシップから始めて、習慣にしてしまいましょう。ステップ4でもご紹介した「小さなことからコツコツと」の精神ですね。

お互いに、触れること、触れられることに慣れてきたら、今度はマッサージをしてあげるのはいかがでしょうか。夕食後など夫がくつろいでいる時間に、

「私、この間リフレクソロジーに行ったらね、すごく気持ちよかったの。肩とか首、ちょっとさせてもらってもいい？　凝ってるでしょ？」

と言ってみます。ただ「マッサージしてあげようか」と言うより説得力があるので、夫

も「じゃあ、ちょっとやってもらおうか」という気持ちになりやすいです。

このとき、できればあらかじめ用意しておくといいのがリフレクソロジーで使うマッサージ用のパウダーです。購入できる店舗もあるし、ネット通販でも買えます。これを使うとお肌がサラサラでなめらかな触感になり、香りもいいので、お互いに癒やされますよ。肩や首をマッサージしてあげて気持ちよさそうだったら、次は足の裏へ。くるぶし、ふくらはぎ……と上がっていくと、夫も男性、ちょっと元気になったりするんですね（笑）。でも、その場では、こちらは何も言わないしアクションもしません。「ああ、ごめんね」みたいな感じで、素知らぬ顔をして終わらせます。

その後、就寝の時間になって一緒にベッドに入ると……♡　レスの解消に、パウダーマッサージはかなりいい仕事をしてくれます。

このパウダーもそうですが、やはり香りは、男性にあなたの女性性を意識させる恰好のアイテムです。マッサージのときにイランイランなど官能的な香りの精油をディフューザーで香らせるのもいいですね。

よくクライアントさんにアドバイスするのが、夫と一番仲がよかった頃の香水をつけることです。私も、恋人時代につけていた数種類の香水を切らさないようにして、いつもつけていますよ。

こっそり言いますが、女性も40代半ば頃から、ふっと加齢臭が漂うことがあるんですよね。うちの夫は年下だし、そんなニオイを嗅《か》がせるわけにいかないので（笑）、清潔にした肌に香りをまとうことは習慣になっています。

スキンシップの面で妻から働きかけることは、夫への愛情表現にほかなりません。**夫は自分が求められていると実感すると、あなたのそばにいることが心地いいと感じ、自分の居場所はここだと自覚します。**

肌と肌のふれあいはセクシュアルなコミュニケーションのきっかけであると同時に、夫婦が心を重ね合わせる深い喜びにもつながっているのです。

マンネリ防止のコツ

妻に愛されている実感は必要ですが、男性は追われるより自分が追いかけることのほうが大好きな生き物。ずっとあなたを追わせるためには、時に心配させることも必要です。

私が実際にやっていたことなんですが、

「急にお友達と集まることになったの。もしかすると夜遅くなるかもしれないから、先に寝ててね」

と突然、夫に言います。「誰と?」と聞いてくるので、「うん、ちょっと久しぶりにね……」などと答えを濁します。すると男性って、それ以上聞くのがなんだか恥ずかしいのか沽券《こけん》に関わると思うのか、問い詰めてこないんですよ。

で、いつもより念入りにメイクして香水もつけて、お洒落な服を着て。その姿を見せるために、出かける際は夫の前でニッコリ、「行ってきま〜す♪」とご挨拶します。

本当は近所のママ友との食事会だったとしても、「何か隠してるのかな?」と思わせて、ちょっと不安にさせる作戦です。

クリスマスイブや自分の誕生日に、プレゼントがラッピングされていたとわかる包装紙やリボンをソファ近くのゴミ箱に捨てておく、というのもやりましたね。無造作な感じを演出しつつ、ブランド名なども見えるようにして。

実際はね、自分でダイヤのエタニティーリングを買ったんです(小声)。結婚指輪と重ねて毎日つけていたので、食事を出すときなどキラッと光って、案外、夫の目に入ります。するとと見ていないふうを装いながら、夫がチラッと指輪を見るのがわかるんですよね。でも、「その指輪、どうしたの？」とは決して言ってこないんです。プライド高いですね〜。絶対に気にしているくせに（笑）。

このように、ときどき夫に「コイツ、もしかして男がいるんじゃないか？」と思わせて、**決して安心させすぎないことが重要です。**

「この女がモテるわけがない」と感じさせたらダメ。男は必ず浮気します。それはもう遺伝子レベルで決まっているんです。

時にはかわいい嘘をつき、時には女優になりましょう

そのほか、夫にあなたを追いかけさせるためには、時にかわいい嘘をついてみてください。

「同僚の男性から二人で食事に行こうって誘われたんだけど、行ってもいい？」

夫の頭の中は、「同僚って誰だ？　そいつとどういう関係なんだ？　既婚者を誘うなん

て、その男はいったいどういうつもりなんだ?」と混乱します。

実際には誘われていなくてもかまいません。夫の脳内を攪乱《かくらん》し、新たな興味を持たせることが目的なので、食事に行ったふりまではしなくても大丈夫です。

「高校の同窓会があるんだけどね、出席するか迷ってるんだ。元カレが来るらしいんだよね。私、行かないほうがいいかなぁ?」

と言うのもアリです。コレ、夫は行くなとは決して言いません。元カレが来る場になんて行かせたくなくても、そう言ったら負けだと思うのです。

元カレが来る、というのは嘘でもいいんです。なんなら同窓会があること自体が嘘でもいい。

「妻はまだまだ女として商品価値がある」と思わせられれば、マンネリ化に歯止めをかけられます。

さらに、いつまでも新鮮な妻でいるために、時には女優になってください。夫と一緒にテレビを見ているときが最適です。多くの人が涙腺を刺激されるような、動物ものや親孝行ものの映像が流れたとき、照れずに感情を表現しましょう。

「わぁぁ！　心ない飼い主に虐待されて捨てられて、保健所に送られるところだった猫ちゃんが、優しい人に救われてほんとうによかったぁ。これからきっと幸せになれるよね。なんか泣けてきちゃった……」

「動物の命も私たちと同じ命なのに、どうしてこう不公平なんだろう……」

若くて多感な頃は、感動する映画を観たときなど、当時の彼氏だった夫の前で感情をあふれさせていた人も、結婚して長い時間が経つと感情のアップダウンを表に出さなくなりがちですよね？

「女優になって」と言いましたが、少女のように素直に思いを表現するだけで十分です。

結婚は生活ですから、いちいち感情に振り回されていられませんよね。でも、淡々と振る舞うだけでは無味乾燥に日々が過ぎていくだけ。

「コイツ、こんなに優しいところがあるんだな」と、外から見えないあなたの内面の豊かさをあらためて感じてもらいましょう。

ステップ5のポイント 神夫も鬼化する妻の言動

困った夫だった頃は、何とか神夫に変わってほしいという必死の思いで向き合っていたけれど、実際に神夫へと成長し、何も言わなくても夫自らいい行動をしてくれるようになると、私たち妻は恵まれた状況に慣れてきてしまいます。

すると、冷静に考えれば「それはダメでしょ」と自分でもわかるような言葉を投げたり、NG行為をしたりして夫を鬼化させることがあるので、くれぐれも気をつけてくださいね。

①昔の出来事でたとえ話をする

昔、夫のせいでイヤな思いをした状況と同じシーンになったとき、「昔、同じことあったよね」「昔あなたもこうやったよね」と、すごく前の出来事を引き合いに出して夫を責めてしまうこと、ありませんか？

たとえば、「子どもの誕生日に、あなた家にいないことあったよね？　あの日からしばらく、あの子グレたんだよね」というように。

妻の側は悪気なく、ちょっとイジるぐらいのつもりで言うんですが、夫にしてみれば、「過去のダメ出しをまだされなきゃいけないのか！」と怒りしか湧きません。夫が鬼化する地雷を、妻がわざわざ踏みにいく行為です。

昔のことを引き合いに出す場合、いいたとえ話にするのなら問題ありませんが、夫の罪悪感を掘り起こすような内容は口にしないことです。

②自立しすぎの妻になる

じつは夫が困った状態のとき、妻は夫に、精神的に「おんぶに抱っこ」しています。「もっとこうしてほしいのに」とか、「ちっとも○○してくれない」と、考え続けているのは、夫に依存しているからなのです。

ところが、これまでご紹介したメソッドによって夫が神化《かみか》すると妻は夫に依存しなくなり、自分に目を向けるようになります。つまり、自立するんですね。

自立すること自体はいいのですが、男性は基本的に、女性に頼られたい、必要とされたいと思う習性を持っていることを忘れないようにしてください。

妻が自立しすぎた結果、それまでは電球一つ替えるのも「あなた、お願い」だったのに一切頼らなくなったり、夫が家事をやったぐらいではお礼も言わなくなったりすることがあります。

すると、家庭のなかでの夫の活躍の場が少しずつ減ってしまうんですよ。

私がよくクライアントさんにお話ししているのは、「夫に問題がなくなっても、夫に頼ることは継続してくださいね」ということです。

たとえ何でも自分でできるとしても、2日に1回は夫を頼ってください。

3日に1回にすると、ついつい忘れてしまうので、2日に1回が正解。「昨日は頼ってないから今日は頼ろう」と意識する感じです。

頼らなくなると、夫はテキメンに何もしなくなります。自発的に神夫な行動ができるようになっていても、です。

夫を頼ってお願いし、やってくれたらお礼を言って花を持たせてあげてくださいね。あなたがせっかく身を粉にして神夫に到達させたのだから、あなた自身がそれを台無しにしてはもったいないですよ！

③ 正論を言う

これも、神夫に慣れてくるとやっちゃうんですよね。

常に押さえておいてほしいのは、男性はプライドの塊であるということです。

いつもクライアントさんに言うんですが、男ってメンツという服を絶対に脱がないんですよ。もうどんなに暑くて汗だくでも。それは仕事中もそうですし、家族の前でも同じなんですね。

だから、たとえ夫が間違ったことを言ったとしても、私たちが正論でやり込めると必ずイヤがります。聞いたそばから眉間にシワが寄り、表情が曇っていきます。

私の経験をお話ししますね。うちの夫はいま建築関係の会社を経営してるんですが、会社員だった頃は不動産の営業をしていたんですね。

当時の夫は残業が多くて、お客さんの都合で帰宅が遅くなるのもしょっちゅうでした。しかも基本給に成果による歩合がつくシステムだったので、売れなかった月は基本給のみ。額面25万円、手取り20万円ぐらいの収入だったんです。

ある日、私がつい言ってしまったのが、「あなた一生懸命頑張ってるのに、数字が上がらないのって問題だよね。それに月に4日も休まないでしょう？　1カ月25日働くとすると額面でも1日1万円？　あなた1日12時間ぐらい働いてるし、時給にしたらバイト以下だよ。やっぱり仕事のやり方を変えるとかして収入上げていかないとダメなんじゃないかな」というセリフでした。

夫はみるみる怒り出し、「俺はこの仕事が好きで、やりがいがあるからやってるんだよ！」と大きい声を上げたんです。男の人って、よくこういう言い方するんですよ。「お金のためにやってるんじゃない」とか。

でも、家計を預かる私にしてみれば、「いや、わからなくはないけど、生活できなかったらダメじゃん」です。こんなに残業して会社のために頑張ってるのに、毎月のお給料がこれだけなんてあり得ないと。夫のためを思って言ったことでもあったんですが、いま思えば明らかに言いすぎでした。

男性って、やりがいとか仕事への情熱とかを語りながらも、年収、役職や家の大きさ、車の高級さなどの権威性を気にする人が多いんですよね。だからこそ、「あなたの給料は労働時間や努力や苦労のわりに安い」と正論で指摘したらいけなかったんです。

まあ、このときの私のように正論で収入の低さを責めるのは、自分も稼げていない人が多いんです。当時の私もそうでしたから。稼いでいれば気にならないんですよ。

いまの私は夫がどう働こうと収入がいくらだろうと全然気にならないので、夫の経営する会社の名前ぐらいは知っていますが、収入も仕事内容もあんまり知りません（笑）。

何しろ夫のメンツをつぶすような正論はアウト中のアウトです。

間違ったことを言ってるなぁと思ったら、ステップ2などで実践した質問テクニックを駆使して、問題を気づかせる作戦をとることをおすすめします。

Part 3

わが家もこうして「神夫」に変わりました

ケース1

モラハラ夫が頼りがいのある夫に変身

家族構成 妻40歳・夫45歳・長女14歳（中2）・長男10歳（小4）

職業 夫婦で整骨院経営。二人とも施術者

確かな技術を持つ二人が経営する整骨院の経営はとてもうまくいっており、予約がとりにくいほどでした。

問題はただひとつ。夫が妻に対してひどいモラハラを行っていたことです。それも家の中だけでなく職場でも。従業員や患者さんの目の前でもお構いなしで、妻を毎日怒鳴りつけていました。

「お前ここにゴミが落ちてるじゃないか！　どういうつもりなんだ！」「なんでこんなとこに椅子置くんだよ！　つまずかせて殺す気か！」「午後の予約、いつもより少ないじゃないか！　お前が仏頂面《ぶっちょうづら》してるからだよ！」――妻はいつしか夫の顔色を窺ってはビクビクするように……。

その怒鳴り声を聞かされている従業員は最初こそ心配していましたが、だんだん妻をバ

カにするようになっていきました（職場モラハラあるあるです）。

妻は職場に行くのが心底つらくなって睡眠や食事も満足にとれなくなり、「もう離婚しかないんでしょうか」と私のカウンセリングを受けに来られたのです。

ここからは、モラハラ夫を改心させ、頼りがいのある神夫にどう変えていったか、具体的にご紹介しましょう。

Part2でご紹介した「ステップ」の方式でカウンセリングとアドバイスを行い、実践してもらった結果、なんと3カ月で夫に変化がみられ、半年後にはまったくモラハラを行わなくなったのです。夫だけでなく、妻の変化も目を見張るようでした。

❶注意 周りの人間に注意と興味を向けさせる

モラハラの原因って何でしょうか。そういう親を見て育った人がモラハラするケースも多いのですが、もっと多いのは、自己肯定感が非常に低く、とにかく自分をほめてほしいという念が心に渦巻いている人です。

このご相談のモラハラ夫のご両親はとても仲がいいとのこと、ならば、この夫のケースの原因は、自信がなく劣等感の塊であることだと考えた私は、この妻に「ほめちぎり作戦」に取り組んでもらうことにしました。

職場では「さっきの患者さん、腰がすごくラクになったって。あなた、さすがね」「初めてみえた方、またあなたの施術受けたいって。すごいわ」などと、主に技術の巧みさをほめ、家庭では「あなたのおかげで何不自由なく暮らせて、私も子どもたちも幸せだなぁって思ってるんだ」「子どもたち、あなたに似て学校の成績がいいのよ」など、**夫の甲斐性や資質についてほめます。**

たまに夫が何かに同意を求めてきたらどんな意見でも尊重し、「なるほど、本当にそうよね。やっぱり、さすがだわ！」と全部肯定します。

同意を求めてくるのは自信のなさの表れなので、自己肯定感を上げてあげる絶好のチャンスなのです（笑）。ここまで要した時間は約3カ月でした。

②想像　器の大きい自分を想像させる

ほめられ続けることで夫の心はだいぶ柔らかくなり、妻とも前に比べれば穏やかに会話を交わせるようになってきました。

次なる作戦は第三者話法。周囲の人が夫をほめていたことを本人に伝えて、「みんな、俺を優れた人間だと思っているんだな」と想像してもらうことです。その下ごしらえとして、夫のよさを従業員に話すようにしてもらいました。

「あの人、ホントに正直で嘘がつけないのよ。私、いつも厳しいこと言われてるけど、私のためを思ってのことだってわかるの。あの人の優しいところ、いっぱいあるのよ」

ハッキリ言って、最初は〝痛い女〟と思われているのをひしひしと感じたそうですが、何しろ夫の施術の技術は優秀で整骨院は繁盛しており、わりとお給料もよかったこともあって、従業員の間に夫を尊敬する空気ができていったといいます。

すると、いつしか「奥さん、先生のことすごくほめてましたよ」などと夫に言う人が出てくるんですね。

人づてにほめ言葉を聞くと、その通りにならないといけないと思うものなので、これはモラハラのストップにかなり効果的でした。

家庭でも団らんの時間に「受付の○○さんが、先生ってプロなのに勉強家ですごいって言ってたよ」「子どもたちが、最近パパがすごく優しくなったって言うのよ」などと第三者話法でほめ、自己肯定感という心の地盤をガッチリ固めてもらいました。

コツは短めのフレーズにすることです。モラハラ夫は短気なので長々言うと効きません。パッと感覚的に理解できる短い言葉が、いい想像を夫の脳内で広げてくれるのです。

また、会話の最後の言葉は必ず妻が言うことも徹底してもらいました。これはPart2「夫婦の会話を支配する」（94ページ）でもご紹介したようにパワーバランスを握るためです。

③比較 「過去の自分」と「今の自分」の比較をさせる

かなり軟化した夫ですが、十数年モラハラをやってきたわけですから、どうしてもリバウンドします。

モラハラ夫は気分の波が激しく、ときどき妻を怒鳴りつけることはあったんですね。妻には、夫が鬼化しているときはスルーしてくださいとお伝えしました。反論したところで聞く耳を持つはずがないからです。

そして、職場でほめられたりして機嫌のよさそうな日を狙って、比較のテクニックを使ってもらいました。

この夫は妻にモラハラしつつも子どものことはかわいがっていたので、妻に「パパがこの前大きな声を出したとき、子どもたちが怖がってね。いつも優しいパパなのに何かあったのかなって心配していたよ」と伝えてみてくださいとアドバイスをしたのです。

夫に、悪い父親といい父親の比較をしてもらったんですね。

こうして妻に半年ほど頑張っていただいた結果、夫のモラハラはステップ3までを実践した時点で消滅し、「河村さんのおかげで私の人生が180度変わりました」と本当に喜んでくださいました。

じつは初めてカウンセリングに来てくださった頃、この方、夫のパワハラにズタボロになって、ものすごく萎縮されていたんです。

だから、「ご主人にパワハラを受けても、ご家庭も仕事もきちんとやっておられるあなたは、絶対に価値がある素晴らしい方なんです。だからご自分を守るために〝スルー力〟も取り入れて、心を整えてください」と、この方の長所を認めてほめることもずっと続けていました。

この方に伝授した、スルー力をつけるパワーワードをお教えしましょう。それは「お前もな！」。パワハラを受けたら心の中でこう言うのです。

「すごくスッキリする！」と表情が明るくなられたのを覚えています。夫のモラハラ解決後、「あの言葉は幸せに向かっていくお守りになりました」と言ってくださったのは感無量でした。

ケース2

不倫夫が家族のもとに戻って謝罪

家族構成　妻35歳・夫40歳・長女5歳（幼稚園年中）・長男2歳

職業　〈妻〉専業主婦・〈夫〉会社員

不倫相手の女性　42歳・独身（離婚1回）・会社員

結婚10年目。非常に子煩悩《ぼんのう》な優しい夫が不倫にハマった事案です。

長い不妊治療の末にようやく長女を授かり溺愛していたところ、長男を自然妊娠。夫婦仲はよく、二人の子どもたちを宝物のようにかわいがっていたご夫婦でした。

ところが、いつしか夫が朝帰りをするようになったのです。仕事が忙しい、と夫は言いましたが、残業代に変化はなし。妻はおかしいと思いながらも、しばらく様子を見ていました。

その後、クリスマスイブの夜にも帰宅せず、不安に思って翌朝、夫の鞄の中身を探った妻は、完全にクロと確信しました。

「メリークリスマス！　ずっと大好き♡」と明らかに女性の文字で書かれたメッセージカードが出てきたんです。

まったく、どうして男は不倫相手からの手紙やカード類を後生大事に取っておくんでしょうね？　プレゼントなら言い逃れできても、手書きのものはムリですよ！

妻が夫を問いただすと、夫は「お前は子どもがいればそれでいいんだろ？　俺に関心ないくせに、いまさら何だよ。俺はちゃんと生活費入れてるんだから義務は果たしてる。そもそも人の鞄をコソコソ見るような女、キモいんだよ。とても一緒に暮らせない」

と言い放ちました。不倫夫の皆さん、だいたい同じことを言うんですよ。

でも、それを聞いた妻は大変なショックを受けて、それ以上、何も言えなくなってしまったそうです。

年が明けると夫は理解しがたい生活をするようになりました。終業後、不倫相手のところで過ごし、朝方4時に自宅に戻ります。かわいいわが子たちの顔は見たいんですね。子どもと一緒に朝食をとって出勤し、女性の部屋へ。そして翌朝4時に帰宅……という毎日になってしまったのです。

妻はもう何をどうしていいかわからなくなり、「夫と話をすべきだと思うんですが、どう話したらいいんでしょうか」と、私のところにご相談にみえました。

①注意 妻に注意と興味を向けさせる

まもなく夫は、週末しか帰宅しなくなりました。泊まることはなく、子どもが寝たら女性のもとへ。

よくある話ですが、不倫女性って、自宅には泊まらないで、と言うんですよね。自分には「妻とはセックスレスだ」と言っているけれど、泊まればそういう関係になるだろうと思うんですね。

この時期、妻はカウンセリング中に号泣してしまうほど精神的に危うい状態でした。当時私が言ったのは、夫が帰宅しないことに焦らないでください、ということです。

かわいい子どもに会いに週末は帰って来るのだから、その数時間に全力集中すべきですよ、と。何に全力集中していただいたか。名付けて「逆・愛人作戦」です。


思い返してみましょう。夫と恋人としてつき合っていた頃や新婚の頃は、二人とも目がハート形、優しくし合っていたはずです。翻って今はどうでしょうか。

結婚生活を続けていればお互いの欠点が目についてくるもの。逆に、不倫相手と時間を共にすればするほど、夫はその女性のイヤな面を必ず見るようになります。

相手の女性も同じで、最初はかわいく振る舞っていても、やがて「トイレから出るときは便座の蓋を閉めてよ」「自分の食べた食器ぐらい片づけてよ」と、妻が夫にするようなダメ出しをするようになるんです。

だから夫が週末に帰宅するときは、もう愛人のように迎えてくださいね、とアドバイスしました。

「うわぁぁぁ！　お帰りなさい！　元気でよかったぁ♡」と、「クラブ○○（妻の名前）」のイメージでと（笑）。

「俺は家庭で大事にされてるんだな」と夫に再確認してもらうのが目的です。

この夫の場合、「妻が子どもにかまけて自分をほったらかしにしている」というのが外に女性をつくった原因だったので、まず、その心の穴を埋めることから始めたのです。

「子どもと遊んでいるときや食事のとき、夫の表情が以前より柔らかくなったようです」

と、当時、妻は私に話してくれました。

②想像　家族の中での存在感を想像させる

サレ妻さんは、自分と子どもたちが捨てられて路頭に迷う不安を常に抱えています。でもこのケースは夫がもともと優しい性格で子煩悩だったので、私はいつも妻に、

「不倫が始まる前、旦那さんがどういう人だったか思い出してください。むやみに妻と子を捨てる人だと思いますか？」

と確認していました。すると、「いや、そういう人じゃないです」と答えるんですね。まだゆるぎない愛情があったんです。

私は、家族をそう簡単に壊してはいけないと考えています。サレ妻だった私自身、神夫

になった夫と娘と現在幸せに暮らしているのですから、長い年月のなかで突発事故が起きても、修復する努力をすればまた幸せになれると実感しているのです。

夫を改心に導き、不倫女性と別れて妻のもとに戻らせるには、家族の大切さをリアルに想像させなければいけません。

妻には、とにかく家族の未来の幸福の話をしてくださいとお伝えしました。

「今度の週末は焼き肉食べに行かない？」とか、「子どもの誕生日会にはどこのケーキ買おうか」とか、小さなことでいいんです。

むしろ小さなことのほうがいい。**夫が「俺はこの家族の一員なんだな」と思ってもらうのが目的ですから。**

そうして週末を過ごし、夫がまた女性のところに行くときは、「私たち、あなたのこと大好きだからね♡」と言って送り出します。

2歳の息子さんにも「パパ大好き」と言ってもらいました。上のお嬢さんはあまり言ってくれなかったようでしたが（汗）。

③比較 未来のデメリットを比較をさせる

いよいよ話し合いをするときです。ステップ1で「逆・愛人作戦」に取り組み、ステップ2で夫に家族の大切さを想像させ、ここまで約3カ月経過しています。

カウンセラーとしての経験上、不倫夫と話し合いをするまでの下ごしらえにはそれだけかかると私は考えているんです。ヒトの細胞が体の部位によっては3カ月で入れ替わるように、変化を受け入れられる心になるにも3カ月という時間が必要です。

さて、話し合いは、現状の問題点を浮き彫りにする質問で進めてもらいました。

「今の状態をどう思ってる？　何か私に話したいことある？」

夫はもう自分の不倫の話とわかっているので、「いや、別に何も」と答えます。

ここは、「そっか、何もないんだ」と受け取って、相手の言葉をしっかり聞いている姿勢を示すのが大事です。

次に、「子どもたちはあなたのこと大好きだし、私、女の人とのことは何も言ってないよ。

でも、この先、『パパはどうして帰ってこないの？』と聞かれたら私は言うよ。子どもに嘘をつきたくないもの。そのとき、子どもたちってあなたのこと、どう思うかな？」とジャブを繰り出すようアドバイスしました。

そして、「その女の人、今はあなたに尽くしてくれてると思うけど、あなたが言うには、まだ1年足らずだよね。これが2年、3年って経ったとき、その女性、どういうふうになると思う？」と畳みかけます。

夫は、そこまで考えていないと言うでしょう。実際、不倫中の男性は先のことなんて考えていないんですよ。甘いなと思っても、ここは柔らかい態度で話を進めましょう。

「不倫してる女性って不安だよね。仮にあなたが私たちを選ばずにその人のところに行っても、離婚が成立するまでにどのくらい時間がかかると思う？　だいたい5年から10年かかるみたいよ。その間に、その人どうなるかな？」。断定すると上から言われている印象になるので、「〜みたいよ」と。

この質問で夫に未来のデメリットを想像させます。

ここまで来たら、子どもが小さいサレ妻さんに私が必ず伝授する決めゼリフの出番です。

「子どもたちって、どんどん大きくなっちゃうよね。子どもが子どもでいてくれる時期って本当に少ないんだよ」

続けて、「親と一緒に行動してくれるのは10代のうちじゃないかな。それも高校生にもなれば離れていくよね。子どもでいてくれる時期に一緒にいられなかったら、あの子たちにどういう影響があるだろう?」――本当に細かく想像させるように話してもらいました。

そして最後は必ずプラスの言葉で締めます。

「私たちはあなたのこと大好きだし、パパとしても夫としても一人の人間としても、私、あなたのこと素晴らしいと思ってる。私は待ってるよ」

④行動　不倫終結のための行動をさせる

こうして、不倫を続ければ、さらに大きな問題が発生することを夫に具体的にイメージさせることができました。今こそ夫に行動させる時なのですが、進め方は慎重にしないといけません。

この夫は根が優しい。**優しい男性って、もれなく優柔不断です。**即決なんてできないので、別れさせるというよりも、自分でだんだん別れを選択して帰ってくるように促したほうが成功すると考えました。

そして、ゴリ押しにならないように、「あなたはこれからどうしたらいいと思う？」と質問してください、とお伝えしました。

夫の答えは、「わからない。あっちの気持ちもあるし」でした。何を言ってんのか、という感じですが、まあ、この人らしいですね。

「そうなんだ」と答えながら、妻は言いました。

「この間も言ったけど、私たちは待ってるから、あなたがどうするか決めてね。そっちの生活を選ぶのか、私たちを選ぶのか」。いわばバトンを手渡して、また女性のもとに行く夫を見送ったのです。

相手の女性は、そんなやり取りがあったことをもちろん知りません。男性の憔悴《しょうすい》した表情にも気づかず、

「まだ奥さんと別れないの？　私は来年のお正月も一人なの？　友達はみんな結婚して子どももいるのに私だけこんな状態なのよ！」

と大騒ぎ。

年単位で不倫している女性は不安が募り、何とか不倫相手を支配しようとするんです。

男性は週末しか家族のもとに帰宅していなかったし、実質的な妻は自分だという意識もあったんですね。

半面、本妻（?）は「逆・愛人作戦」を続けているので、帰れば最高に歓待してくれる……夫の心が動き始めました。

ところが、それから3カ月、夫はまったく家に戻らず連絡も取れなくなりました。理由は罪悪感です。不倫相手の女性と別れて家に戻りたいという気持ちになってはいたのですが自分を責めていて、「こんな俺がのうのうと家に帰って家族と暮らしていいのか」と葛藤していたそうです。

加えて相手の女性が心変わりを察知して、「自分だけ家に戻って幸せになって、なんで私は一人で不幸にならなきゃいけないの！」と、死ぬの生きるのと騒いだことも帰れなかった原因でした。

「どうするか、あなたが決めて」とバトンを渡したけれど連絡も取れなくなり、不安でいっぱいになった妻は、私に「夫の様子をメールで聞いてもいいですか？」と相談してこられましたが、我慢してくださいと言いました。

いま何も言わなければ、夫が帰ってきたとき、自分を本当に信じてくれたと感謝するでしょう。帰ってこなくても、「3カ月黙っていたのは、あなたを信頼していたから。不倫で裏切ったうえに、さらに裏切るなんて。私は絶対に離婚しない。断固戦う」と言えるからです。

結局、夫は不倫相手との関係を清算し、「俺が悪かった。これからは家族を大事にする。俺の今後を見ていてほしい」と言って、妻と子どもたちのもとに帰りました。

不倫問題を解決するのは心理戦に負けない強さだと、あらためて確信した忘れられないケースです。

ケース3

傍若無人な夫が「神様みたいな妻だ！」と感謝

家族構成　妻40歳・夫43歳・長男10歳（小4）・長女7歳（小1）

職業　〈妻〉専業主婦・〈夫〉会社経営

不倫相手の女性　38歳・独身（離婚1回のシングルマザー）・会社員

不倫中の夫に妻がモラハラを受ける――よそ様の話でも腹が立ちますが、じつはよくあるパターンです。

ここでご紹介する妻も、マッチングアプリで知り合ったバツイチのシングルマザーとただならぬ仲になった夫に罵詈雑言を浴びせられるようになり、悩みに悩んでカウンセリングに来られました。

不倫が始まって半年ほどは相手の女性に夢中なので、妻のことがウザくなるんですね。掃除の仕方がなっていないとか、アイロンがけがヘタクソだとか、社長の俺に毛玉のついた靴下をはかせるな！　とか、取るに足りないことを大声で怒鳴りつけられる毎日だったそうです。

こういう家の中の細かいことって、不倫相手の女性が入れ知恵してたりするんですよ。

「奥さん、そんなこともしてくれないの？　ひどすぎる」

「こんなヨレた下着を経営者のあなたがはいてるなんて！　奥さん、さげまんなんじゃないの？」

などと夫に吹き込むんです。自分の立場を上げるために「奥さん、最悪だよね」と。

この不倫女性、やがて「あなたとの子どもが欲しい」と言い出します。

困った夫は、それをなんと妻に相談するんです。どの口が言うんだって話ですが、経営者の夫の場合、これもよくあるパターンです（苦笑）。

とんでもない女に捕まったと妻が右往左往するなか、解決に打って出たのは夫の母でした。

①注意　義母に注意と興味を向けさせる

この妻は夫の両親ととても仲がいいんですね。

私はカウンセリング前に、クライアントさんの家族構成、職業、仲の良し悪《あ》し、資産状況などさまざまなことを基本情報として伺います。

夫の両親と嫁は義理の仲ですから、「それなりに行き来はしてるけど、特別に仲がいいわけではないです」と、微妙な関係性を隠さない方が多いのですが、このケースの妻は「夫の両親とは私、めちゃめちゃ仲いいですよ！」と一点の曇りもない表情でおっしゃいました。

それを伺った私は、「それはよかった。では、今後さらに仲良くしてくださいね。お子さん連れて手土産持って、『遊びに来ちゃいました！』と頻繁に訪ねていってください。まだ不倫やモラハラについては言わなくていいけれど、ちょっとしたことをお義母さんに相談するようにしてくださいね」とアドバイスしました。

本書でこれまでご紹介してきた「ステップ1」では、「夫の目」を家庭に向けさせましたが、妻と義母の関係がとてもいいので、「義母の目」を息子の家庭に向けてもらうことにしたのです。

じつは、夫婦の問題を片づける大きな力になってくれるのが義理のご両親、とくにお義母さんであるケースは多いんですよ。だから、まず必要なのは義母の下ごしらえというわけです。

急に息子の不倫やモラハラを知ったらびっくりするでしょうから、徐々にお義母さんに現状を把握していただくことが解決の一助になると考えていました。

妻はそれまで以上に夫の実家に通うようになりました。明るく振る舞いましたが、夫からモラハラされているせいで食が細くなりどんどん痩せてしまうので、敏感なお義母さんに何かあるなと気づかれたそうです。

「あなた、体調は大丈夫？　何かあったの？」

と優しく聞かれた妻は思わず、夫の不倫とモラハラに苦しんでいることを打ち明けてしまいました。

じつはこのお義母さん、気が利くばかりか、一族の中で一番強い人なのです。義母の夫は起業して一代で会社を大きくした人で、息子である不倫&モラハラ夫はその関連会社の経営を担っていますが、とにかくどちらもお義母さんに弱くて、あらゆることがこのお義母さんのツルの一声で決まってしまうほど。

義母に知らせるのは少し早かったかなと思いましたが、もともと義母を今回のトラブルを解決する立役者にしたいと考えていたわけですから、問題ない、このまま進めようと判断しました。

❷想像 義母に家族の未来を想像させる

その後のカウンセリングで、私は妻に「このままご主人が不倫を続けて、それが明るみに出たりしたら、お義父さんが一代で築いた会社は信用を失って売上にも影響するかもしれません。このことをお義母さんに想像してもらってください」とアドバイスをし、お義母さんに伝える具体的な言葉もお教えしました。

「お義母さん、いまは不倫が世間にバレると政治家や芸能人でも職を追われる時代ですよね？　お義父さんが努力を重ねて築いた会社なのに、あの人（夫）のことで評判が悪くなるとしたら、私、本当に申し訳なくて……」

「取引先の○○さんご夫妻と会食する機会があったんですけど、あちらはとっても夫婦円満で……。うちのことがわかってしまったらどうしようと心配で、食事中もそればかり考えてしまいました」

義母にとっては将来、会社を継いでもらう大切な存在である孫についても想像させました。

「パパがしょっちゅう帰ってこない状況がこの先も続いたら、子どもたちにどういう影響があるかな、あの子たちの人生はいったいどうなっちゃうんだろうと思ったら、私、ものすごく怖いんです。お義母さん、どう思いますか?」

とにかく気をつけてほしいのは、義母に相談しながらも、夫を悪者にしないことです。

義母にとってはかわいい息子ですからね。だから、不倫によっていかに夫のメンツがつぶれ、周囲からの評価が下がるか心配だという路線で進めてください、とお願いしました。

嫁が「私の未来が不安なんです」と言ったところで、ハッキリ言って義母はあまり関心を持たないんですね(笑)。

あくまで「不倫はしているけれど、私や子どもたちにとっては素晴らしい夫であり父親。そんな大切な人を引きずり降ろそうとしている相手の女性がおかしいんです」という感じで、妻と義母の利害が一致しないといけないんですよ。

モラハラについては、「不倫が解決したらおさまるから、今はつらくても反応も反論もしないでください」と妻にお伝えしました。

「不倫にもモラハラにも、あなたからは一切触れず、夫と普段通りに接することに徹してください。それが今後の夫婦関係の土台になりますから」と。

③比較　義母と夫にリスクを比較させる

不倫が2年目に入った頃、よくある話ですが、相手の女性が精神的に不安定になり、「どうしてもあなたの子どもが欲しいの。認知してとは言わないから、お願い」と言うようになったそうです。38歳、妊娠したいなら焦る年齢だったんでしょうね。

別れ話に持っていこうとしましたが相手は応じず、困った夫は、なんと妻に相談しました。

「なんか子どもが欲しいって言われてさ。俺は拒否して別れようとしたけど頑固なんだよ。お前、アイツと話してくれない？」

冒頭でもお話ししましたが、これって〝経営者あるある〟なんですよ。「俺が何回言っても応じないから、お前、ちょっと弁護士立てて慰謝料請求してくれよ」とか、信じがたいことを妻に平気で頼む人、けっこういます。合理的というか何というか……。

妻にはカウンセリングで、不倫女性が今後、妊娠・出産したら起こることと現状の幸せを夫自身に比較させるように伝えていたので、

「その女性が本当にあなたの子どもを産んだら、どんなことが起きるかな。うちの子たち

は今、あなたのこと大好きだよね？　でも、よそに子どもがいると知ったら、あなたのことをどう思うだろう。あなたはこれからどうすればいいと思ってるの？」

と、夫に冷静に話しました。

夫の返事は、「いや、別れないといけないとわかってるんだけど、アイツ、すぐ死ぬとか言い出すから面倒なんだよ」。

「そっか。じゃあ、私がその人のところに行って話したほうがいい？　それとも、あなたがもう一度話す？」と比較と選択を促すと、「弁護士を入れるしかないかな……」と、夫は考え込んでしまったといいます。

妻も、もうどうしていいかわからず、思い余って義母に相談しました。

お義母さんは相手の女性に怒り心頭。でも、弁護士を入れて裁判という大ごとになったら世間の風当たりが厳しくなると反対。さらに、その女性が産んだ子どもを息子が認知すれば、その子に相続権が生じて資産が目減りしてしまうことに思い至り、「冗談じゃないわ！」、お義母さんは叫びました。

そして、「私がその女と話してくる！」と力強く宣言したのです。

④行動 義母に家族を守るための行動をしてもらう

義母は息子の不倫相手の女性と会い、別れるよう説得しましたが、女性は泣きわめき、「絶対に別れない！」と大騒ぎ。何度か同じことをくり返して、話し合いではらちが明かないと悟った義母は、やはり弁護士を立てることにし、女性に慰謝料を請求しました。

その結果、「〇〇（女性の名前）は、今後、□□（男性の名前）に一度連絡を取るごとに慰謝料30万円を支払う」という念書が交わされ、ようやく不倫関係は終了したのです。

すべてが片づき、義母に何度もお礼を言う妻を目にした日の夜、夫は妻にしみじみこう言いました。

「俺は本当にどうかしていたよ。お前には申し訳ないことをしたと思ってる。お前ってまるで神様みたいだなぁ。ひどいことをして暴言を吐いてた俺をまったく責めず、すべて許して受け入れてくれたんだもんな。そんな妻、世界中のどこを探しても絶対にいないよ。こんな俺と一緒にいてくれて本当にありがとう。これからもずっとよろしくな」

その後、夫婦はずっとラブラブです。毎日「愛してるよ」の言葉を欠かさない夫は、ひと頃の傍若無人さが嘘のように優しくなりました。長いこと途絶えていた性生活も復活したそうです。

そして「お詫びのしるしに何か欲しいものはないか」と夫に聞かれた妻は、「グラフのダイヤのネックレス」と答えたそうです。グラフとはイギリス発祥の60年以上続く高級ダイヤモンドジュエリーブランド。

夫は快諾し、一緒にお店に出かけて似合うデザインを選び、プレゼントしてくれたそうです。いま妻の胸元には数百万円のネックレスがキラキラ輝いています。

「素敵ですね」とほめた私に妻は、

「そう、キレイですよね。でも、本当にキレイなのは私や子どもたちを愛してくれている夫の心です。それをいつも感じていたいから、このネックレスをつけているんです」

と目を潤ませて話してくれました。

ケース4

何もしないトド夫が自ら家事をするように

家族構成 妻53歳・夫58歳・長女30歳（既婚で別世帯。1歳の娘がいる）

職業 夫婦とも公務員

ちょっとお酒が入ったときなど、「俺たち共働きで、ずっと二人でここまで頑張ってきたんだよなぁ」と感慨深げに言う夫に、妻が「はぁ？ 家事を頑張ったのは私だけですけど？」と鼻白むというエピソード、あるあるですね。共感される奥様方、たくさんいらっしゃるんじゃないでしょうか（笑）。

このケースの妻も仕事に家事に育児に、本当によく頑張ってこられた方です。仕事が終わったら小走りで家路を急ぎスーパーで買い出しして、帰宅したら一度も座ることなく洗濯物を取り込み、食事の支度です。食べた後の食器を洗って洗濯物を畳んで片づけ、入浴すると余力はゼロ。バタンキューという生活でした。

それに対して家事を何もしなかった夫。妻は家事をこなすために毎日急いで帰宅していましたが、夫は終業後、飲みに行くのもしょっちゅうでした。

早めに帰宅した日は、「ああ、今日も疲れた〜」と言いながらテレビの前でゴロリと横になってスマホをいじりつつ好きな番組を見ます。その間も妻は家事に追われていました。若いときはそんな夫に散々イライラした妻でしたが、やがて諦めの境地に。「もうこの人に期待してもムダ。この人を頭数に入れるのをやめよう」と思うことにして、何とかやってきたんですね。

ところが、50歳手前頃から妻は更年期障害の症状が出て、急なのぼせや関節痛に苦しむように。寝てもまったく疲れがとれず、朝もなかなか起きられません。家のことをしようにもその元気がないので、結婚して初めて家事に協力してほしい、と夫に頼みました。するると、「俺だって疲れてるんだ。お前のほうが早く帰るんだから家事ぐらいしておけ」というセリフが返ってきたそうなんです。

その瞬間、妻は自分が定年後、死ぬまでこんな夫の世話をして暮らすのかと情けなくなり、離婚したいと初めて思ったんですね。

自分名義の貯金もそれなりにあるし、退職金も結構出そう。だから離婚を選んでもいいですよね？　と私のところにご相談にみえたのでした。

①注意 トド夫に注意と興味を向けさせる

一人でも生活できると考えた妻でしたが、結婚した娘とかわいい1歳の孫のことを考えると踏み切れません。

「では、離婚はせず卒婚、家事はそれぞれが自分のことをするということにしてみてはいかがですか？」とご提案したところ、とても乗り気に。

ただ、何も家事をしない夫が自分で自分のことなんてできるだろうか、とご心配されたので、「期間を6カ月と設定して、ご主人に頑張って変わってもらいましょう」とお伝えしました。

期限を決めると人って頑張りやすいし、期限を決めないと何もしないいんです。

まず、妻がやっている家事に興味を持ってもらうところからです。買い物に行く前に、

「夕飯は何食べたい？」

と夫に聞くことからスタートしました。

これまで、とにかく早くつくらなければならなかったので、夫にそう聞いたこともなかっ

たそうなんです。

そして週末に「買い物に一緒に行かない？」と誘ってみます。

「たくさん買うものがあるから一緒にお願い。私が買い物してる間は車の中で待っててくれていいよ。私がレジを済ませて袋に詰めたらラインするから来てくれる？　車に運んでほしいの」

と、男の人の腕力を頼る言い方をすると、案外やってくれます。

②想像 トド夫に想像をさせる

定期的に買い物に一緒に行くようになると、聞かなければ食べたいものを言わなかった夫が、自分から「魚が食べたいな」などと言うようになります。食材を思い浮かべられるようになるんですね。

「じゃあ、一緒に魚売り場に行って何があるか見てみる？」と言うと、だんだんスーパーの中までつき合うようになっていきます。本当にスモールステップですよ。少しずつです。

そして売り場に来るようになると、食材をあれこれ指さして「これはどうやって食べるんだ?」と聞いてくるんですね。

それじゃあと夫の好みの食材を選ばせて、たとえばブリなら、「照り焼きにする? それとも塩焼き? アラを買ってブリ大根にしてもいいよ」と調理法も選ばせます。

そうやって夕食をつくると、夫がすごく喜んで食べるようになったそうなんですね。自分が選んだものを好みの味つけで料理してもらうから楽しいんですよね。

これをしばらく続けたら、「なんか私の味つけ、しょっぱくない? お父さんだったらどんな味つけにする?」と聞いてみます。

「いや、そうでもないけど、もう少し砂糖多めがいいかな」などと答えるので、「じゃあ、お父さんの味を知りたいからちょっとつくってみる?」と促すと、買い物に行って食材を選び、味つけを選ぶという下ごしらえができている状態なので、「ネットで調べてつくってみようかな」となるんですよ。

一度そうなったら男性はハマりますから、この夫もどんどん料理をしてくれるようになったんですね。

つくってもらったら、必ず「ありがとう、すっごく美味しい! ねえお父さん、これどうやってつくったの?」とベタぼめすること。

「やってもらう＋お礼＋ほめる」はセットにするのが鉄板のテクニックです。

③比較 トド夫に比較をさせる

この時点で、娘さんに協力を仰いでくださいと、私は妻にアドバイスしました。お孫さんを連れて、お父さん手づくりの夕食を食べに来てもらうのです。

娘と孫が来るとなれば父親は俄然《がぜん》張り切り、腕によりをかけてつくるわけです。娘さんには盛大にほめてもらいましょう。

「ほんとに美味しい～！　お父さんが料理するなんて昔ならあり得なかったじゃん。こういうお父さん、なんか新鮮。何もしなかった頃よりずっとイイ感じだよね。カッコいいよ」

1歳のお孫さんはまだ同じものを食べられませんが、お味噌汁などを少し口に入れてあげて、「おじいちゃんがつくったの、美味しいね～」と娘さんに言ってもらいます。

娘さんたちが帰ったら、「お父さん、あの子たち、お父さんの料理、美味しいって。またつくってあげたら？」とダメ押しします。

夫は今ではすっかり料理が楽しくなったそうで、「『昆布は利尻のじゃないと』とか言ってうるさいんですよ（笑）」と妻が私に報告してくれました。

今は掃除を少しずつやってもらう計画を実行中です。

あんなに何もしなかった夫だったのに、ステップ3までのアドバイスで、料理を日常的にする神夫になってくれました。

離婚の危機も難なく突破され、なんだか私までほっこりとうれしい気持ちです。

ケース5 嫁姑問題を円満に解決してくれる夫に

家族構成 妻43歳・夫45歳・姑68歳・舅72歳 長女18歳・次女13歳・長男10歳

職業 家族で農業に従事

大規模な農家に嫁ぎ、家族全員で農業に従事している妻のお悩みは、姑によるいじめでした。

結婚当初から同居しており、朝早くから農作業。毎日やることが山積みで自分の時間はほぼゼロだそうです。

姑のいじめは結婚半年後に妊娠がわかったときからです。従業員の一人とみなしていた嫁なのに、妊娠・出産に伴い休まれたらしばらくは人手が減って自分の仕事が増えるじゃないか、という理由で。上の二人が女の子だったのも闇を深くしました。「跡取りが産めないのか」と。怖いですね！

いじめの内容はおもに家事の押し付けとダメ出しでした。きつい農作業をしながら育児をし、家事をするのですから、どうしても行き届かない部分は出てきます。

ちょっとしたことで長時間嫌みを言われる日々が続き、思い余って夫に話すと、「おふくろはそういうつもりで言ったわけじゃないよ」と母親をかばったんですね。

もう離婚しかないと思い詰めた矢先に末っ子の長男を妊娠した妻は、家族を続けるしかないと覚悟をしてカウンセリングに来られたのです。

子ども3人を抱えて食べていくすべもなく、本音では別れたくない。今いる場所で幸せになるにはどうしたらいいかというご相談でした。

①注意 夫に注意と興味を向けさせる

夫にも妻を農作業を共にする一員とみるところがあったので、それ以上に伴侶《はんりょ》であり家族なのだと意識してもらうことから始めました。

それまでは、子どもたちのことで気になることがあっても忙しい夫に遠慮して言えませんでしたが全部話すようにし、姑を否定しないように気を配りながら、関係を改善する方法について相談しました。

私がとくに留意するようお伝えしたのは、先に結論から話すことです。農作業中、夫の休憩時間は40分ぐらいしかなく、夜は疲れて、すぐに寝てしまいます。

常に時間がないので、まずは結論から言うようにしてもらったんです。すると、それまでは「その話、長いの?」と顔に書いてあるような表情で聞いていた夫が、話を最後まで真剣に聞くようになったといいます。

「お義母さんって、どんなふうに掃除してたの? 洗濯物の畳み方、どんなだった?」と夫に聞き、姑のやり方を取り入れるようにもしました。

②想像 夫に想像をさせる

夫には徐々に、「お義母さんの、私へのああいう言葉や態度をこのまま子どもたちが見続けたら、『おばあちゃん、嫌い』ってなってしまうと思うの。お義母さんにとって、あの子たちは大事な孫で後継者なのに、お義母さんをイヤがるようになったら三世代目はうまく回らないよね？　私のせいでそうなったら、つらいんだ」と、伝えるようにしました。「だから、お義母さんとの関係、うまくやっていかないといけないと思うんだよね。私のせいで家族が険悪な感じになるのはすごくイヤなの。あなたはどう思う？」と、**姑をけなすことのないよう気をつけながら自分の望みを整理して夫の頭に入れ、解決策を想像させることもしてもらいました。**

妻からの真剣な言葉を聞くうちに、夫は「自分が母親と妻の仲を取り持たないといけないんだな」と自覚するようになったそうです。

③比較 夫に比較をさせる

夫は自分の母親が妻を苦しめていることを理解し、それでも妻が歩み寄ろうとしていることをありがたいと感じました。

次の段階に進む下ごしらえはできた状態といえます。この時点で、「私がお義母さんに言ったほうがいい？　それともあなたが言ったほうがいいかな？」と比較を持ちかけてもらいました。

「もともとお義母さんって、すごくいい人じゃない？」。姑を立てます。

「でも、私が至らないからこういう感じになったと思うの。私がお義母さんに話すと、なんだか文句言われたみたいに感じると思うんだよね。だから息子のあなたから、お義母さんが気分を害さないように話してくれたら、すごく丸く収まるんじゃないかな。お願いしてもいい？」

こうして丁寧に確認していったので、夫は「わかった。じゃあ、俺からちょっと話をしてみるよ」と言ってくれました。

夫が実際に姑に話すときには、姑が跡取りとして一番かわいがっている末っ子の男の子の心情を組み込んで伝えてもらいます。姑の心に確実に響かせるためです。

「末っ子がさ、母親のこと大好きなんだよな。『おばあちゃんがお母さんにひどいこと言っててショック』って言ってたよ」

姑にしてみれば、大好きな息子と一番かわいい孫から言われているのですから、受け入れざるを得ません。結果として、姑から妻への当たりが目覚ましく変化しました。

正直、最初は息子や孫のいるところでだけ、姑は妻にいい顔をしていたんです。でも、それは我慢してください、と私は妻に伝えました。

人は変化するときに必ずストレスを感じるので、ここで言い返すと、そのはけ口がなくなって元の姑に戻りますよ、と。

今だけ我慢すれば必ず変わるからと。もうここは姑が**少しずつ変化するのを楽しんじゃいましょう！**　とアドバイスしました。

さらに、あなたに対する姑の態度が改善したら、持続させるために、ことあるごとに過大に感謝をしたほうがいいということも強調しました。

これまで夫に尋ねていた家事のやり方に関しても、

「私のやり方が効率が悪いと思ったので、お義母さんのやり方を伝授してください！」

とお願いして、コピーするぐらいにやったらいいですよ、と勧め、間に立ってくれた夫にもとことん感謝してくださいね、とお伝えしました。

今、このお宅では、姑と嫁が周囲の誰よりも仲良くしています。これって人間の心理なんですが、ものすごく嫌いだと思っている相手の懐に思い切って飛び込むと、最初は拒否されても最終的に一番仲良くなれるんです。

かつて離婚しかないと思い詰めていた妻は、笑顔で私のもとにお礼に来てくださいました。本当にカウンセラー冥利に尽きます！

エピローグ

家族をあきらめないで

この本を手にとって最後まで読み進めていただき、ありがとうございました。

本をつくるにあたり私が感じたことは、「人生の経験は何ひとつムダはなかった」ということです。生きてきたなかで悔しかったこと、悲しかったこと、怒りを感じたことすべてにおいてムダな経験はない、と胸を張って言い切ることができます。

幼少期は引っ込み思案で神経質、髪の毛が手についているだけで大泣きする、そんな子どもでした。おそらく今の私を知る人には想像もできないことでしょう（笑）。

小学生になった頃から、何かにつけて出来のいい妹と比べられるようになりました。勉強、かけっこ、容姿（妹のほうが背が高い）。とにかくすべてにおいて比べられました。

「妹はできるのに、なんであんたはできないんだろうね〜」

出来の悪い姉のレッテルを貼られたせいか私もひねくれてしまい、その頃から妹からもバカにされることが多くなりました。

「あんたみたいになりたくない」。そんな言葉を妹から言われた記憶があります。

バカにされて育ったせいか負けず嫌いになり、人一倍努力をして、子どもの頃に妹と一緒に習っていたソロバンと習字で有段者になりました。ソロバン二段、習字はなんと五段です。

学校の絵画コンクールでも福岡県知事賞を受賞したり、習字のコンクールでも金賞を受賞したり、妹よりも多く賞状をもらっています。

それでも中学・高校と勉強ができなくて、さらに妹や母からバカにされて、途中で悪いグループに入ったりした時期もあります（笑）。

バカにされるからバカなことをする――本当に人間って、「言われた通りの人間になる」のですね。

バカにされて育ったので、自己肯定感はマイナス状態。やがて10代の終わりに、その後、10年間も貢ぐことになるダメ男と出会ってしまうのです。

家にいると居心地が悪かった私は、ダメ男の家に入り浸り、休みの日は二人でパチンコ通いをして、より一層、出来の悪い人間を演じていました。

今にして思えば、出来が悪いと言われて育ったから、私よりもさらに出来が悪い人間とつき合うことで、自分を保っていたのかもしれません。

そんな生活を送った20代でしたが、30歳を目前にして「このままでは私の人生、終わってしまう！」と、やっと気がつくことができました。

気がついたときには、ダメ男に貢いだせいで２００万円近くの借金を背負っていた私です。気がつかないうちに、ダメ女に成り下がっていたのです。

子どもの頃の母の言葉を、こんなにも引きずるなんて思ってもみませんでした。

20代終わりといえば、友達はみんな幸せそうな結婚をして、子どもをつくって家族がありました。私はダメ男に10年間も貢いで多額の借金があり、仕事のキャリアもなく、人生、お先真っ暗……。

「ダメだ!!　このまま終われない！　人生やり直しだ！」

母に相談すると、さらに出来が悪いとレッテルを貼られるから言えない。出来のいい妹にも絶対に相談できない。ひとりでやり直すしかない。そんな決心をした記憶があります。

人生大逆転のために、10年間働いてきた経理の仕事を退職して飛び込んだのは、歩合制の営業の世界。取り扱っているのは、100万円もする高額な商品でした。

「こんなの売れるワケない」。お金で苦労している私は、逃げてばかりの営業からのスタートでした。

しかし、20代でダメ男に貢いだ借金の返済が滞るようになり、取り立ての電話がジャンジャン鳴ったおかげで、本気で営業を勉強し始めました。

そのときの上司が、「お前は絶対に売れるから」と言ってくれて、今まで生きてきたなかで初めて私を評価してくれた気がしました。その上司に認められたい一心で、毎晩営業の勉強をして、気がついたら営業主任になり、年収も1500万円になっていました。

毎年、数回の営業成績のコンテストがあるのですが、全国の営業職300人中、毎回トップ10に入り、副賞の海外旅行に毎年数回行っていたくらいです。

営業の技術というと難しく感じてしまう方も多いと思うのですが、営業として売れるためには、本文でもご紹介した、心理学を取り入れた「購買意欲の8段階」というメソッドがあります。もちろん、それだけではダメですよ。いろいろな質問テクニックを学ぶことも大切です。

営業は本当に奥深く、そして、身につけることで、さまざまな問題を解決できると思っています。

そのとき学んだ営業話術が、夫婦問題を解決するための会話テクニックに結びついているのですから、ここでも、経験がまた、活《い》きていますよね。

この営業主任時代に出会った9歳年下の後輩の男性が今の夫です。

交際1年で結婚をして、ひとり娘を出産しました。現在、結婚生活23年になります。

結婚したのは、夫が25歳で私は34歳のとき。プロローグでも述べた通り、最初の3年間の結婚生活はとても幸せでした。

結婚当初から夫は単身赴任だったのですが、忙しくても月に2回は帰って来てくれました。ひとり娘と二人きりでも、充実した生活を送れていました。

そんな生活も、ある日突然、夫の不倫発覚で不幸のどん底に落ちたのです。

不倫が発覚したのが結婚3年経った頃。その後、7年間も不倫が続き、その間、夫からの生活費が少なくなり、夫は家に帰ってこなくなりました。

「不倫サレ妻あるある」だと思うのですが、ラインをしても既読スルー状態、電話をしてもブチッと切られて音信不通。私も気が強いほうなので、鬼電《おにでん》（1日50回ほど……）しても夫は電話に出ない。

生活費が足りないと連絡をしても、「どうにもできない」と、まるで他人事でした。お金もないワンオペ状態で、そのうえ不倫までされて、時には娘と一緒にこの世からいなくなりたいと思ったこともありました。

そのとき、嫁姑関係がよかった義母に相談するも、「陽子ちゃん、男の人はうるさく言われると嫌がるよ」と、まるで私が原因で夫が不倫をしているようなことを言われ、さらに傷ついていました。

そのうえ、友達や私の姉妹からは、

「そんな人、離婚したら?」

と言われ続け、別れようと何十回も何百回も考えたけれども、私が出した結論は、

「家族を守る」

だったのです。

家族を守る覚悟ができた私は、「夫の不倫を終わらせる作戦」をとり、その後、夫婦再生の道を歩いてきました。

不倫を終わらせる作戦……そう、この作戦をとることができないと、感情だけで不倫を解決しようとしてしまうのです。

不倫は終わらせるだけではなく、夫婦再生をしないと意味がありません。

本当の意味で不倫問題や夫婦問題を解決するには、問題が解決したあとの夫婦関係をいかに強固なものにしていくか、が大切なのです。

サレ妻の私たちの心は一度、夫の不倫で壊れてしまっています。壊れた心はなかなか元に戻りません。その傷ついた心を小脇に抱えながら、問題を起こしてしまった夫との関係をやり直さないといけないのです。

夫婦再生を美化しているカウンセラーもいるけれど、実際に夫婦の現場にいる妻が夫婦再生をするためには、何を家族に求めていて、何を大事にしているのか？　を明確にすることが最も重要なのです。

このように建設的に夫婦問題を考えられるようになったのも、20代のとき、必死に取り組んだ営業職が役に立っています。

何度もお伝えしますが、人生にムダな経験はありませんね。

夫婦再生の途中でもいろいろありましたが（今もいろいろあります）、今にして思うのは「家族は宝物」ということです。

「家族は宝物」と思えるのは、私の両親の影響といえます。

私の両親は二人とも実家が貧乏すぎて、中学しか出ていません。戦後の日本で、父は11人きょうだいの5番目、母は9人きょうだいの4番目で、父も母も幼いときに片親を病気で亡くしており、中学生の頃から働きに出ていました。

父は新日鐵（旧社名）の下請けで肉体労働、母親はパートや内職をして家計を助ける日々でした。

子どもが3人もいたので必然的にお金がない生活で、子どもの頃は1年に2回しか洋服を買ってもらえなかった記憶があります。

とくに母はマイナス思考で心配性で、いつもいつも不安になることばかりを口にして、

「お父さんは家も建てられない」「こんな安月給で何もできない」と文句ばかりを父に言うのです。

文句や愚痴を言われている父はといえば、いつもニコニコして「お母さんの料理は世界一美味しい」「お父さんは生まれ変わっても、お母さんと結婚するぞ」と言い、母は「絶対にお父さんとは結婚しない」と答えるという変な夫婦でした。

そんな心配性の母は、更年期障害もひどくて自律神経失調症になり、いつもヒステリックな状態でした。子どもながら「お父さんは、こんなお母さんのどこがいいのか？」と思っていたくらいです。

やがて父は鉄工所での仕事の影響だと思うのですが難聴になり、母の文句も聞こえなくなったので、母はより一層イライラしていたようです。

そんな両親の姿を見て、「夫婦って、めんどくさい」と思っていた私です。

母は70歳をすぎた頃から認知症になり、施設に入ることになりました。

父はいつも「お父さんがお母さんの面倒を見るけん、施設なんかに入れるな」と、私が帰省するたびに懇願するのです。

時にはひとりで母の施設に行こうと電車で出かけたりしていました。

認知症の母はというと、「お父さんが、ご飯を待ってる」と施設のドアの鍵を壊して脱走を何度となくして、施設の職員さんから怒られたりしていました。

施設から連れ出して旅行に行ったときの父のうれしそうな顔が目に焼きついています。

お金がなくて生活も苦しくて、家族のために働いていた両親。

20代の頃は「こんな夫婦になりたくない」と思っていたけれども、今50歳をすぎて思うことは、〝両親のような老夫婦になりたい〟です。

父は残念ながら4年前に亡くなりましたが、要介護4になった母に「お父さんは何しようと?」と訊くと、「お父さんは家でご飯待ってるんよ。はよ帰らないと」と言うのです。

家族って、なんだろう？　と考えていた20代だったけれど、今ハッキリと言えることは、「家族がいるからこそ乗り越えられることがたくさんある。家族をあきらめないでほしい」

ということです。

家族は当たり前の存在だからこそ、失ったときに初めて〝当たり前のありがたさ〟がわかるのです。
あなたの家族は、世界でたったひとつの大切な大切な存在なのですから。
この本が家族の、そして夫婦の再生のお役に立つことを、心から願っております。

河村陽子

読者限定！

特別無料プレゼント

本書をご購入いただきありがとうございます。
最後まで読んでいただき**感想を送ってくださった皆様**に、
感謝の気持ちを込めて3大特典をプレゼントいたします。

特典1　夫婦の会話相性度チェックPDF
～夫婦のベストなコミュニケーションの方法

特典2　男女脳の違いを脳科学・心理学から理解する動画（45分）
～本講座18本（約13万円相当）の第1講座無料公開

特典3　困った夫の脳をコントロールする会話術特別動画（15分）
～本書のために作成した非売品の特別動画

下記QRコードから受け取ってください。

https://enman.my-happiness.jp/kamiotto

YouTube 河村陽子ちゃんねる

https://www.youtube.com/@furinkaikethu

著者紹介

河村陽子　一般社団法人 女性のしあわせ向上協会代表理事。株式会社マイハピネス代表。のべ9000人以上の相談実績をもつ夫婦問題の円満解決専門カウンセラー。トップ営業時代に学んだ「購買意欲の８段階」をベースに、妻子に関心のない夫に注意を向けさせ、家族を再構築できる「夫婦関係修復の５ステップ」を考案。浮気・不倫問題、モラハラなどに苦しむ女性が「旦那様に愛されるだけでなく、自分の人生を楽しめるようになる」カウンセリングを行う。そして「女性の笑顔が戻ると、家族も笑顔が戻る」を信条に、女性の幸せを応援している。YouTubeチャンネルのフォロワーは4万人超。『あさイチ』（NHK）、『特盛！よしもと』（読売テレビ）等、メディア出演多数。

女性のしあわせ向上協会
https://siawase-up.com/

うちの夫《おっと》を「神夫《かみおっと》」に変《か》える方法《ほうほう》

2024年６月30日　第１刷

著　　者　河《かわ》村《むら》陽《よう》子《こ》

発 行 者　小澤源太郎

責任編集　株式会社 プライム涌光
電話　編集部　03(3203)2850

発 行 所　株式会社 青春出版社
東京都新宿区若松町12番１号 〒162-0056
振替番号　00190-7-98602
電話　営業部　03(3207)1916

印刷　三松堂　　製本　フォーネット社

万一、落丁、乱丁がありました節は、お取りかえします。
ISBN978-4-413-23363-7 C0095

七十二候を楽しむ野草図鑑
季節の移ろいの中で心穏やかに暮らす
大海　淳

子育ての不安が消える魔法のことば
NHKラジオ「みんなの子育て☆深夜便」
村上里和［編］

図説　ここが知りたかった！
日蓮と法華経
永田美穂［監修］

愛犬が最後にくれた「ありがとう」
11の感動実話が伝える本当の幸せ
小島雅道

なんだか毎日うまくいく100のヒント
植西　聰

青春出版社の四六判シリーズ

「ふわっと速読」で英語脳が目覚める！
最も効率がいい英語習得法
Max二宮

心に刺さる、印象に強く残る
超・引用力
伝えたいことを最も効率的に伝える
上野陽子

一年に一度しか会えない
日本の「来訪神」図鑑
フランそあ根子　中牧弘允［監修］

人生の見え方が大きく変わる「対《つい》」の法則
逆境を生き抜く「バランスマインド」とは
木下晴弘

仕事の語彙力　たった500語で、人とお金が集まってくる
ことば探究舎［編］

お願い　ページわりの関係からここでは一部の既刊本しか掲載してありません。
折り込みの出版案内もご参考にご覧ください。